全息人生

大俠武林——著

大俠武林的三大投資原則

原則 1 ・ 專注本業，努力加薪

原則 2 ・ 長期佈局，閒錢投資

原則 3 ・ 股市震盪，紀律佈局

最終目標

<u>參與權息人生</u>

<u>享受全息人生</u>

投資市場不必爾虞我詐，
可以共享共好！

《給存股新手的財富翻滾筆記》作者
小車 X 存股實驗

　　一個人的成功經驗猶如一盞燈，放在臥室只能照亮自己；放在客廳可以照顧到全家人；放在街邊可以點亮行人返家的路；放在碼頭則能指引迷航者靠岸。至於燈想放在哪裡，全是每個人不同的決定，而大俠選擇將這盞燈放在眾人面前。

　　「在投資市場上，要賺就大家一起賺」是大俠的口頭禪，始終秉持一顆良善之心推廣存股投資，也時常在粉專不吝分享自己的投資心法與實彈操作對帳單，不僅幫助普羅大眾建構正確的投資觀，更引領存股族走過 2022 年大盤修正近六千點的低谷。

　　存股投資者之所以敢如此大無畏地分享他的投資模式，完

全不怕他人直接複製其成功經驗，是因為存股領股利屬於「正和遊戲」，是投資者領取公司當年的盈餘分紅。這個遊戲沒有人數限制、沒有此消彼長、不必費心爾虞我詐。只要有閒錢就能投資優良公司當股東、領股利，再每年持續將資金及股利投入，我們的資產會一起逐年向上積累，是一種穩健且能共享共好的投資模式，大家可以一起做贏家。

　　相對的，整日在股票市場殺進殺出做價差是所謂的「零和遊戲」，這次賺到的是別人輸的錢，下次也許又會輸進他人的口袋裡。就像麻將桌上的人，有人贏錢就有人會輸錢，不論麻將打再久，四人的金錢總額是永遠不變的。且長年不斷在輸贏之間拉扯，不僅勞心傷神，更有可能因操作不當而讓資產腰斬甚至一場空。

　　大俠繼暢銷書《股息 Cover 我每一天》舉兆豐金為例來分享存股心法與操作後，第二本《全息人生》跳脫個股，著重於闡述資金如何分批投入的操作細節，進而發展出一套可以用於任何績優個股、ETF 的投資方式。

　　存股的操作雖然簡單，卻也不是什麼標的都可以存，大俠在書中教你如何在茫茫股海中，挑選出適合長期投資的個股以及優質 ETF。此外，他也分享了自己一貫強調的「資金控管」概念、根據景氣燈號進場的方式，以及在資金有限的情況下如

何透過「定期定額」與「不定期不定額」佈局多檔標的（這次終於如願放在第 87 頁了！）。

投資不難，難在心態能不能持之以恆，簡單的事情重複做可以幫助大家養成習慣、維持紀律，使我們能更輕鬆地做到在「恐慌中繼續，歡喜中冷靜」，讓踏出的每一步可以少些挫折、多些堅定。

同時我也很認同大俠書中提的投資時要「把家人放在第一優先順序」，做任何投資決策前多想想家人，自然會避開許多高風險的交易行為。千萬不要因為自己的貪婪，而葬送了原本該給家人的生活品質。

存股的報酬率或許不夠亮眼，不過誠如大俠所言「在投資市場中更重要的是你的資金續航力以及實際報酬」，只要「數大」，5％的報酬也是很驚人的，重點是你「敢」投多少錢在股市？錢是子彈，財商是膽，唯有財商充足，準備好的子彈才能無所畏懼地持續發出，打造資金源源不斷投入的續航力。

但願多年後，我們的股息不僅可以 Cover 自己與家人的生活，還有更多成功的夥伴也能高舉他的燈，造福更多理財投資的迷航者。存股的路上，我們並肩同行！

「大道至簡、耍廢至上」的投資術

《慢步股市》作者／臉書「華倫存股 穩中求勝」版主

周文偉（華倫）

非常高興，大俠又推出了新作《全息人生》，這會是您邁向財富自由的起手式，千萬不容錯過。

曾經在一個廣播節目中聽到某專家說：「存股沒有用，你不把股票賣掉就拿不到現金，那你賺甚麼？」當時，我心中想著：「不知道這位專家在股票市場到底賺了多少錢？」、「有沒有對帳單以茲證明？」

如果股票不賣賺不到錢，那很多包租公和包租婆不賣房子也賺不到錢囉？很多民眾去郵局或銀行買儲蓄型還本的保單，

買了之後也不見他們賣掉，這樣也賺不到錢囉？全聯的董事長林敏雄先生不把全聯賣掉，他也賺不到錢囉？你的老闆沒有把他的公司賣掉，他也賺不到錢囉？

當然不是，以筆者18年前買的一檔股票中華食（4205）為例，我在買進之後的第十年便回收了所有的投資成本，現在我已經持有第19年，未來還會繼續持有下去，每年領到越來越多的股息……。

大家知道嗎？股票只要買進一次，股息就可以領終身，甚至可以當傳家寶，你今天買的股票可以留給下一代，繼續領股息。買進股票等於擁有一家公司，你可以把自己想成這家公司的老闆，所有員工都在幫你工作、賺錢。

如果你是上班族，這就是你老闆不把公司賣掉的原因。因為你在幫老闆工作，幫他賺錢；同樣的道理，包租公的房子也在幫他工作，每個月都有房租會流進包租公的口袋。不知道這樣解釋，大家知道存股不賣、包租公不賣房，或者買保單終身還本……到底在賺甚麼了嗎？

大俠自稱為「廢股東」，其實我比大俠還廢，我已經廢了18年了。18年前，我還是流浪教師，工作朝不保夕，當時我總

在想，假設我不斷存股，不斷累積績優股的股數，那每年領的股息不就越來越多嗎？如果有一天，我的股息超過我的薪水，那我不就不用工作了嗎？大俠說得好，這就是「股息 Cover 我每一天」的「全息人生」概念，每個人都可以做到。

要怎麼做呢？其實大俠的觀念和我一樣，大家一定要先專注本業，爭取升遷加薪，有了本錢才可以投資，越早開始用更多的金額投資，就能越快達到財富自由的目標；其次，你一定要忽略短期股價的變化，要聚焦長期複利的累積。

以大俠書中的例子護國神山「台積電（2330）」為例，你20 幾年前用 40 元或 45 元買進，其實沒有甚麼差別，不計算歷年台積電的配息，單以台積電股價 500 元來計算，光是目前帳上資本利得的價差就達到 460 元和 455 元。你認為賺 46 萬元和 45 萬 5 千元有太大的差別嗎？是不是沒甚麼差？而且再過 10 年、20 年之後更沒差。

所以說「時間」就是最大的「護城河」，只要持有績優股的時間越久，你的股息領得越多，資本利得也越多，屆時你不只可以 Cover 自己的生活花費和老婆的治裝費、貓咪飼料費用的，甚至還可以 Cover 你的爸媽、你的小孩的所有花費。行有餘力，還可以 Cover 一些公益慈善團體的捐助費。

那麼，究竟如何挑選績優股？又該如何買進呢？就請各位把大俠這本《全息人生》看完。真正的專家一定會秀出對帳單的，如果只是嘴巴說一口好聽的股票經，看漲說漲，看跌說跌，卻沒有拿出真正的績效，那並不是真正的專家。

為什麼華倫老師和大俠一見如故？因為我們都願意公開真正的對帳單，真正的績效。上次大俠約我喝咖啡，這次又要約我跑十公里馬拉松，下次不知道又要約我去哪裡耍廢？股票投資其實就是「大道至簡、耍廢至上」而已，沒甚麼了不起的。

很多人玩股票會賠錢，不是因為少做了甚麼，而是因為做得太多。沒有紀律的頻繁買進和賣出，只是讓政府和券商收取更多的證交稅和手續費而已。

根據統計，有 90％以上的股票投資人到最後都是賠錢的，而 100％一定賺錢的正是政府和券商。所以我想建議各位讀者，不如學習大俠和華倫老師，當個廢股東，你耍廢的時間越久，你未來的人生越是圓滿，趕快讀完《全息人生》，立馬啟動「廢股東」模式，祝福大家。

眞正的長期投資人，空頭年也很難賠錢

臉書「股市肥羊」社團版主

翁建原

總是有人問我：「股票要怎麼買？」拿錢出來買啊！「啥時要賣掉呢？」你缺錢再賣啊！不缺錢就不用賣了。然後，對方往往覺得，我講話很敷衍，跑了。我不知道這些人腦袋在想甚麼？問人家問題，又不相信人家的答案，他知道自己很沒有禮貌嗎？後來我也懶得回答了。一律回答：「書上有寫，自己去翻。」他們當然是不可能去買我的書，於是跑去找大俠問了，因為大俠比我親切和藹，可憐的大俠，就這樣淪為散戶的垃圾桶。

　　雖然這些散戶的問題都是一樣，啥時可以買？啥時可以賣？今天買會不會太貴呢？今天賣會不會太便宜呢？但大俠總是耐心地回答他們，如果散戶嫌大俠的答案太簡單，大俠還會仔細地再講解一遍。這點我就做不到了，當我看到兒子，老是回答不出同樣的股市問題時，我都想敲他腦袋。大俠的耐心，是我該學習的地方，大俠真不愧是教育體系出身，有身為一個好老師應有的資質。

　　其實買股票的方法，永遠是今天下去買啊！你怕今天買太貴，明天可以再買一次，後天、大後天，你都可以繼續買。只要從今天開始買股票，連續買 250 個營業天，你今天就不可能買太貴，因為價格被 250 個營業天平均了。如果擔心今年買太貴，乾脆連續買 10 年，輕輕鬆鬆，永遠買在平均價格，這就是大俠常講的買在年線，或是十年線。

　　但遺憾的是，很多黑粉無法認同大俠的作法，他們今天就是要買在最低價，明天就是要賣在最高價。大俠肯定是做不到啊！做到的話，他就不叫大俠，而是叫台灣首富。然後黑粉接著開始數落大俠的無能，該說啥呢？畜生是聽不懂人話的，一律封鎖就對了。人如果要做到讓別人滿意，只能每天拿錢給別人花，散財童子最受歡迎。活在這世界上，一定會得罪人，讓我們鼓起勇氣，一起去得罪人吧！

2022 年是崩盤的一年，但大俠依舊繳出了亮眼的報酬，其實真正搞長期投資的人，誰又何曾在 2022 年賠錢呢？像我中信金的成本只有 9 元，想要我賠錢，應該是今生無望了。對長期投資者來說，炒股只有賺多賺少的問題，沒有賠錢的問題，每一塊錢都是利潤，根本不需要考量到成本啊！偏偏很多短線投機派說破嘴都無法理解，我也懶得解釋，這重責大任就交付給大俠了。不管世間有多少黑粉，衝著大俠來準沒錯，大俠隨便你們罵，沒關係。畢竟他為人師表，替學生解惑是應該的，被壞學生蓋布袋也是義不容辭，這群教育工作者的情操，就是如此讓人敬佩。

　　最近大俠開了一個帳戶，替貓貓買罐頭，想到我家那隻挑嘴的狗，連雞腿都已經無法滿足他了。我可能該弄個松阪豬帳戶，給狗狗才行。其實我們炒股票，享受到的，還不都是家人而已。不管是妻子，還是小孩、貓或是狗，我們自己得到了什麼？沒有，只有滿滿的成就感而已。享受人生這種事情，太過低階了，樂於工作才是人生最大的享受。比起那些每天鼓吹財富自由，趁早退休的財經網紅，我們提倡的是「享受工作，做到自然死為止。」大俠，不錯的男人，可惜已經結婚，這是所有女人的遺憾啊！

筆於 2023 年 3 月 9 日，午後 1 點

無畏空頭年，
靠眞功夫滾出滿滿報酬

2022 年初台股加權指數 18,270 點，同年 10 月 25 日一路跌到 12,666 點，跌幅最深落差高達 30% 左右，算是蠻標準的空頭年，其原因大家都知道：通膨、俄烏戰爭、升息等金融政策……，大俠就不再贅述解牌。

不過，即便是這樣的震盪年，大俠依然繳出穩健的報酬，2022 年初至年尾，全年度所有交易日賺賠總和 239 萬元，包含波段獲利 144 萬元加上股息領到的 95 萬元。

2020 ～ 2021 年為多頭年，站在風口上的豬隨便飛，拿飛鏢射中的股票隨便漲，但 2022 年還能穩健賺錢才是真功夫。

而且大俠的佈局策略也不需要投資人時常盯盤，只要設定好資金佈局計畫，光靠定期定額的方式，就可以好整以暇、以逸待勞地等待報酬或者現金流的產生。

這些手法大俠都會在書中用**真實的「對帳單、股息單、集保 e 存摺」完整分享**，不會只有理論。理論說得再好沒有真實紀錄的話，一切都只是紙上談兵，所以本書堪稱是用滿滿對帳單跟投資經驗寫出來的大集成。

如果書中有不懂之處，可以直接上網 Google 搜尋「大俠武林」四個字，到大俠的臉書、Instagram、Podcast 或方格子部落格發問。此外，大俠也經常利用線上直播來與讀者互動，並解答投資過程中產生的疑惑。

可照抄的投資方式，要賺大家一起賺！

大俠為什麼天天掛在線上回答大家的問題？因為「在投資市場上，要賺錢，就要一起賺」就是大俠的核心概念，所以才一直致力於分享一套有系統性且可複製的投資佈局方式。

當年，在大俠還沒開啟臉書專頁之前，曾收到一則私訊，一位遭到丈夫長期家暴的太太寫道，只要她先生玩股票一賠錢

就會遷怒於家人，讓家人整天惶惶不安。這位先生甚至會逼迫老婆多接第二份工作，持續供應他追求在股市上靠買賣來一夜致富的白日夢。

老實講這則私訊深深觸動了當時的我，我感受到這社會有許多需要幫助的家庭，需要一種能讓他們早日脫離盤中焦躁情緒的方式，所以才致力於推廣能複製化的佈局方式，讓大家都能享受到空頭市場佈局的好處。

常看大俠的文章就知道，大俠的投資一切都以愛家人為優先。因為投資越是優先將家人擺在第一位，那麼您的投資方式，勢必會避開一切因為貪婪而鋌而走險的投機行為。

達成對家人的承諾，是大俠對投資的堅持。大家常常看到大俠曬出送給家人的紅包、老婆每個月的生活費，還有 Cover※老婆的週年慶支出，這些都是靠維持紀律長期投資，為家人打造出的 Cover 全息人生。

▶ ....

※Cover：原意包含保護、覆蓋、足以支付……等，本書定位為「照顧」。也有交給我來、或是我來包了的意思，比方說這頓餐交給我來包，家人的生活交給股息來包。

18

全息人生，可靠的投資計畫不可少

　　既然大俠主張這套方法能複製，代表也適合不同資金的族群使用。不管您是剛進入投資市場的新鮮人，不管您是大資或小資，都能用一套標準化流程來參與市場長期的完整合理報酬。

　　因為大俠始終認為最好的投資行為是，在實戰過程中不斷確立出一套明確的原則，也就是 SOP（Standard Operation Procedure，標準作業流程）的計畫。

　　一套可複製的計畫，最重要的就是不讓自己老是慌亂於盤中。要是您目前總是不停煩惱自己的投資策略是不是又不管用了？因為賠爛了！因而想切換投資策略的話，那大俠希望您問問自己：**如果沒事更換投資策略，何年何月才能安心靠投資來 Cover 退休後的每一天呢？**

　　不過，一套明確可複製的計畫，卻足以應對股市漲跌，也不會讓投資人搖擺不定。此外，更適用於擁有不同資金大小的投資人使用，而且能夠屏棄個人化特色。換句話說，像是一條明確的數學公式，如畢氏定理——可以讓使用者算出需要的答案，也不會因為不同人使用而出現不一樣的結果。

　　這是大俠用盡全力分享如何**盤後靠定期定額來佈局**的理由。

因為不見得每個人都有空在盤中死死盯盤，但相信每個投資人都有空花點時間設定定期定額吧？！

　　大俠也認為，將生活、工作、股市達成平衡的長期投資要訣，就是「不做短期預測，把專注力放在穩定配置，以及追求穩穩長期報酬上」，這才是投資人最重要的事。

　　因為**唯有脫盤才能忘盤，而忘盤更能幫助您學會如何當個職業級股東**，把所有煩惱通通交給績優企業和市場來煩惱，我們負責享受生活即可。

股市，本是人人能參與的盛宴

　　其實，集中交易所最初的美意是讓普通人也可以輕易參與投資市場、伴隨公司成長；而公司懂得長期照顧股東，不管景氣循環、經濟多空，經營團隊總是能把公司給打理好，按時將每年的盈餘分紅給股東。

　　所以股市原本就是希望大眾都能從中一起成長，只是後來人一多了，帶來了雜亂，也衍生出各種貪婪、眾多渴望一夜致富的投機者。大俠總是勸人及早遠離貪婪致富之心，早日回歸股市雙贏的本意。

講了這麼多漂亮話，本書當然不只有空泛的理論，想必忠實讀者都知道，大俠絕對會用滿滿的對帳單，大方分享給大家查看。而且除了較大資金的對帳單，也同樣會用零股作示範教學。您只要按照自己的資金量，去對應出適合自己的資金比例，以及輕鬆學會如何佈局。

　　總之，大俠會在一路上，用始終如一的態度，並且提供真實對帳單的方式將方法分享給大家。畢竟，唯有誠實面對自己的對帳單，才是投資獲利的開始。

　　在投資市場上，大俠秉持著一個理念：要賺，就要跟著各位一起賺。

「重點就在第 87 頁」

　　上本書《股息 Cover 我每一天》中，有抓到內容重點的讀者朋友，不會以為大俠在推薦某類型的股票，而是記下如何從細部觀察一間公司股票的關鍵之處，然後利用股性區間來做佈局。

　　這些佈局的方式寫在前作的第 109 頁，而本書《全息人生》中則寫在第 87 頁。主要原因是這段時間常常被網友戲稱「請翻開第 87 頁」，那麼大俠這次索性乾脆放在第 87 頁，娛人也娛己。

　　《全息人生》會先從一檔金控談概念，接著延伸至 14 檔金控，並且著重於更細部的資金控管方式。因為大俠就是**靠著資金控管，來分散買在每一道下跌日，並且買到領到股息那一天，又可以持續再買**，沒有任何技巧，純粹靠空頭震盪累積，打造出長線獲利引擎。

　　善用下跌日分批買一整年，等同於把一整年能用的資金買在年線，而維持十年的紀律資金就等於買在十年線，還能讓資金的使用效率更高。

　　因為這個方式就是在一個資金循環中，把能用的閒錢做分批佈局，即便閒錢買光，隔天又能領到股息持續買。就這樣簡單，完全不複雜。

　　所以這幾年只要有抓到空頭佈局方法的投資人，根本就是躺著享受人生。

　　當一個人進入「全息自由」的人生狀態時，早起到公司上班都能用另一種心情面對了。比如，跟同事相處和樂融融，人生、朋友、同事皆滿分，不用耍心機或擔心被別人心機，辦公生活會非常輕鬆。有底氣不是指頤指氣使，而是讓被動收入的資產成長速度快過加薪速度。

當你到了這個境界，便能笑看一切職場爾虞我詐。

一起來累積十年線，達成自由又有底氣的人生吧。

大俠武林

大俠武林投資金句

- 複雜的不是股市而是人性。

- 以逸待勞。投資,簡單就好。

- 上班不看盤。

- 疑股不存,存股不疑。

- 漲看戲,跌買進。

- 先誠實面對自己,乃是獲利的開端。

- 成功的人生,在於能掌握自己幾成。

- 最務實的一朵花,就是把股息拿給老婆花。

- 讓市值成長速度,快過家人老去的速度。

- 基本面、籌碼面、技術面、消息面,通通是主力給的,

  韭菜散戶有什麼面?公園吃泡麵。

- 輕鬆佈局,笑看行情。

- 鈔票基本到位,生活至少美味。

目錄

1 CHAPTER

全息人生的先決條件──
不放棄個人事業、利用閒錢投資

2 CHAPTER

如何選股

3 CHAPTER

請翻開第 87 頁

4 CHAPTER

投資報酬跟認知財商有關

5 CHAPTER 5

全息 GET 大密技──
解決投資路上的疑難雜症

全息人生的
先決條件——
不放棄個人事業、
利用閒錢投資

1-1 專注本業，閒錢投資，到哪裡都管用

$ % ≒

關於退休這個議題，其實大俠認為自己目前還難以達成字面上的退休，甚至離財富自由也相當遙遠。因為每當大俠達成一個財務階段的被動收入後，總是會出現新的生活需求，等著我去買單。

尤其是如果你家中有小孩加上長輩，這兩者的印帳單能力，是絕對不容任何人小覷的。所以請務必為了家人，儘早學會如何務實投資，讓資產累積的市值成長速度，超越家人成長或老去的速度。

大俠本身當年是先租房，同時將資金投入股市，利用無數次的震盪行情，佈局出能讓自己暫離職場的被動收入。當自己

再也不用出於工作需要來選擇居住地點後，便開始沿著高鐵站、捷運站尋找尚未起漲的區域，運用投資獲利帶了幾棟回家。也因為提早做了務實的佈局，順帶讓老婆提前退出了職場。

當初跟老婆交往時，我們就有結婚的打算。而大俠當時給老婆的承諾是，每個月 1 萬元的日常生活支出基金，然後年年加薪 1 萬元。不過這筆日常基金的「加薪幅度」要怎麼來？自然得靠務實投資來賺取資本利得，以及累積股息複利來達成了。

首年每個月 1 萬元，隔年提高到每個月 2 萬元、再來 3 萬元，直到 2020 年每月 7 萬元、2021 年每月 8 萬元。甚至在 2020 年的疫情風暴和股市熔斷行情中，大俠依然保持著穩健的投資報酬來 Cover 老婆。老婆連年下來看到報酬如此穩健，因而很放心地在 2021 年選擇了退休。

大俠常常自嘲是個俗人，儘管甜言蜜語送花買蛋糕不曾少過，但成年人的交往就是不要浪費彼此時間，把承諾老老實實的兌現最要緊。說穿了，就是要懂得把最美的一朵花——亦即股息，拿給老婆花。

畢竟，鈔票基本到位，生活至少美味。

鎖定能一輩子安心持有的標的

當一個投資人把家人放在第一優先順序時，自然會避開許多高風險的交易行為。大俠絕對不會讓自己把原本該給家人的生活品質，輸在貪婪上。

所以「股息 Cover」的內涵是指，藉由長期投資務實地持有好公司來 Cover 家人的每一天。大俠始終認為，投資不用整天跟家人炫耀自己賺了多少，但賠錢時都不講，還很差勁地把負面情緒帶回家。

投資真的不需要浪費任何唇舌之力，來去說服他人自己最厲害最會賺錢，只要你每年能讓家人越過越好，什麼都不用講，家人自然感受得到。

當一名投資人逐漸成熟，會從最初的毛毛躁躁報喜不報憂，轉變成穩健良言喜樂地度過每一天，這種生活大俠稱之為「全息人生」。

也就是說，透過參與除權息、參與權息、參與全息，讓企業股息來 Cover 人生。因此，投資前請務必思考一件事情：這間公司有辦法讓人安心持有數十年，甚至一生嗎？如果無法，那千萬別投資。

疑股不存，存股不疑。

最好的持有時間是一生，在這個先決條件下，投資人勢必會非常謹慎面對自己的佈局，除了選股、資金佈局週期，還有如何處理市場多空的策略。只要一切都能提前準備好，並且親身參與，數年後有了經驗，就會逐漸懂得什麼是過著股東生活的投資人。

大俠所謂的耍廢摸魚股東，其實是在講一種學會把市場煩惱，交給績優公司經營團隊來處理的心態。不要看漲說好、看壞急拋，追漲被軋空（Short Squeeze），要知道這樣子的盯盤生活，真不是我們脫盤者該有的樣貌。

再次強調，最好的投資區間是一輩子，這就是我們佈局的重點條件。不過，這裡指的不是一輩子死存不能賣。如果你要一輩子死存純領股息現金流的話，當然沒問題；或者存到一半市值累積夠了，先調節去買房、換車，也是非常合理的做法。

誰說在投資過程中，不能在達成階段性目標時，挪用部分股票報酬去買想要的東西呢？可以用實質報酬的股息來買，也可以用資本利得的報酬來買，只要是報酬，怎麼使用都可以。

好比我們為了買房的頭期款一直存錢，當頭期款存到了，我們會先拿去買房，但難道買房後就不能再存錢了嗎？不是吧？

所以我們存股票資產、長線佈局的目標報酬滿足時，一樣能先調節部分報酬，將股息拿去買房等等。這個做法與其說是存股，不如說是存資產，而且以資產換資產的角度來說，非常合情合理，所以千萬別被名詞給限制住了。

成功投資人，都懂得兼顧個人事業

為什麼我們要投資呢？

試想，當存款餘額增加的同時，我們的健康卻在減少，累積那麼多現金在戶頭裡要幹嘛？辛苦工作累積到一筆閒錢，如果靜置在銀行帳戶裡，只要一個通膨就貶值了。所以理應想辦法抵抗通膨，不讓自己只為錢工作，而是讓錢為我們工作。

愛上買入好資產之餘，也要專注本業努力加薪，讓好的企業和資產為我們工作，幫助資金不斷成長。有非常多的成功人士，即便在達成人生財務目標後，仍然持續享受工作帶來的收入。

這種作為，與其說是因為愛錢，不如說熱愛成就感。以大俠來說，只要是在時間、健康和能力允許範圍內，都會盡可能

地去嘗試做事業上的突破，以及不斷地推高被動現金流的收入。

那麼，為什麼有了被動收入後，還要不間斷地工作呢？不間斷地學習呢？

因為在這個資本主義社會中有數百種以上的方式，可以輕易收回與財智不匹配的財富，所以我們千萬別太高估自己當前的被動現金流收入，也別太小看未來的無數風險，請投資人永遠戒慎恐懼的做好全方位佈局。

要知道，
唯有保持自我的高度競爭力，
才是我們最好的退休財富力。

換句話說，最棒的財務自由，就是讓自己永遠不失去職場的競爭力。更何況專注本業、努力提升自身在職場的賺錢能力，才是能讓自己在面對股災時更有底氣的加碼。

專注本業、閒錢投資，這招到哪都管用。

1-2 對帳單全數交代

$ % ≒

通常有來私訊大俠的讀者，應該不難發現大俠會儘量用最簡單的話來回覆，而且一定都是我本人實作過且能得到市場長線報酬的方式，絕對不會搞一大堆複雜話術，甚至忽空忽多的看法，讓人操作起來既搞不清楚狀況、浪費時間又損失了資本。

因為唯有一套核心邏輯——可複製化的方式，才能真正幫助甫入投資市場的新鮮人。當然也建議讀者在問問題前，先試著自行上網搜尋，即使 Google 不一定找得到答案，但也許能幫助你整理出更精確的問題。

股市投資不能口說無憑，大俠會交出全數對帳單、股息單來證明。

　　純靠定期定額和不定期不定額資金控管的策略，大俠從 2022 年初至 2022 年尾已實現總報酬 239 萬元，記得這年台股上市加權指數從最高 18,620 跌落至 12,629，到底在空頭年如何佈局才能持續得到報酬？以 2022 年 12 月 5 日為準，幾個重點如下：

> ■ 空頭年，當時未實現損益：298 萬元
> ■ 空頭年，當時已實現損益：239 萬元
> 　（領息 95 萬元＋波段 144 萬元）

　　要是當時全數賣掉，那麼 2022 年初至年尾的總報酬將會是 540 萬元，但以去年來說，大概 239 萬元就能輕鬆 Cover 生活費了，所以大俠不急於全數獲利了結。

　　股市在多頭年賺錢沒什麼了不起，因為站在風口上的豬也會飛，所以要知道這套策略有沒有用？就必須檢視這套策略在空頭年能不能繼續賺錢。以 2022 年全年來看，儘管台股上市加權指數最深跌幅高達 32%（18,620 → 12,629），但大俠單靠不定期不定額和定期定額佈局，依然持續取得報酬。

　　在 2022 年這個震盪市場的空頭年中，能達成 239 萬元的已實現資本利得、績效為正、超越同期大盤，而且還純靠定期定額以及不定期不定額，外加免盯盤！這就是大俠一直分享的

方式。但凡穩健投資人不管市場多空，都還是會妥妥佈局足以Cover 家人穩定且安心的投資現金流，這麼做不僅上班能專心也能顧及家庭生活品質，以及自我的日常情緒。

三大帳戶，完美 Cover 生活

下面大俠要分享這一年的對帳單，而且不會只挑有賺錢的月份來講，時間橫跨 2022 年 1 月 1 日到 12 月 5 日，也就是說，秀出從年初到年尾每一天每一筆的投資賺賠總和。

大俠的個人投資主要有三種帳戶

一、存股複利滾利 Cover 生活帳戶
二、資本利得 Cover 買車買房帳戶
三、小資 Cover 貓咪罐罐投資帳戶

三種帳戶負責不同投資週期、佈局方式和不同參與報酬的方式，所以不能混為一談。

一、存股複利滾利 Cover 生活帳戶

這個負責 Cover 老婆和家用費的投資帳戶，目前大俠手邊

的 701 張兆豐金（2886）均價為 26.59 元，依照 2022 年 11 月 11 日的收盤價 30.85 元來看，帳上未實現損益有 298 萬元，所以拿到的 95 萬元股息都是實質的報酬。

扣除老婆和家用費後，帳戶內剩餘的股息閒錢就持續投入，讓股息產生複利、複利繼續產生更多股息。重點在於以不賣的方式來累積股數，打造出股息 Cover 每日現金流的印鈔機，然後全數上繳給老婆支配家用。

- 2018 年，45 張參加除息。
- 2018 年 10 月，利用**中美貿易**殺到 25 元左右時，趁機加碼 100 多張。
- 2019 年，合計有 268 張參加除息。
- 2020 年 3 月，利用新冠疫情**股市熔斷**殺到 26 元左右時，加碼了 173 張。
- 2020 年，合計有 502 張參加除息。
- 2020 年 9 月，利用**外資殺盤賣超**到 27 元時加碼到 600 張，坐等 2021 年除息。

只有一句話，那就是**恐慌時絕對不能中斷紀律**。

看到了嗎？**長期投資追求資本成長才是第一要件**。如果庫存股沒有漲？此時拿到的利息只是自己的本金，所以在還沒漲之前，可以先把拿到的股息持續回買，直到整體報酬遠大於自己投入的成本，此時拿到的股息才是實質的報酬。

也就是說，參與除息是一種不用透過賣出，便能在不減少任何股數的前提下，拿到帳上未實現部分損益的方式。

試想看看，當你目睹帳上一年漲 15％、股息拿到手 5％，除完息後，還有 10％繼續放在戶頭內利滾利持續跑動，這種穩健取得報酬的方式，難道不值得你長期投入嗎？

只要沒有立即變現的需求，長期投資人絕不輕易賣光庫存股，畢竟股息可能就足夠 Cover 人生了，完全沒必要把金雞母給殺掉。

當然，投資的部位也能拿去換車、換房，甚至換成其他更有價值的公司。

除了兆豐金（2886）這台「股息印鈔機」給老婆用以外，

再加上其他股票的報酬，大俠早就懶得計算目前帳上到底有多少報酬了，也懶得討論到底有沒有填息或者是貼息議題，因為我不是在除息前一天才買進。

不過，如果你是在 2022 年除息前一天才以 37 元買進，目前應該正處於貼息的狀態。但要是你早在 27 元時就買了呢？ 23 元時就買了呢？那麼目前有貼息嗎？我想應該是沒有吧。

低成本的長期投資好手，根本就是每年輕輕鬆鬆、躺著喝下午茶等著領股息，而且往往能在一除息當下立刻填息了。所以啊，只要兆豐金股價有在個人持有成本之上，對大俠而言，早就完成「個人式的填息」囉。

關於眾口紛紜的金控貼息議題，實在不用隨他人起舞，因為每個人進場的時間點不同，持有成本也各有不同。如果有人是除息當天填息，自然有人是等著填息。然而，站在長期投資的角度來看，遇上貼息不僅沒關係，反倒還可以利用貼息的行情，買進更多便宜的股數呢。

長期投資真的不難，只要勝過自己一個「貪」字就好。

兆豐金（2886）於 2022 年的股利

股東戶號		股東戶名		
基準日持有股數		701,028	每股股利	盈餘分配:$1.4
應發股利	盈餘分配:$981,439			
所得稅率	0%	現金股利金額 (86年及以前)		0
代扣股票股利 及現金股利 所得稅	股票股利	$0	現金股利金額 (87年及以後)	981,439
	現金股利	$0		
代扣歷年股票股利 及現金股利所得稅		$0	股東原留印鑑	
應扣補充健保費		$24,406		
已扣補充健保費		$24,406		＊＊＊＊＊＊
未扣補充健保費		$0		
處理費		$10		
實發股利		$957,023		

☑實發股利於發放日匯入貴股東指定帳戶　　國泰世華 013246530＊＊＊903
□請蓋妥原留印鑑親臨或郵寄至台北市大同區承德路三段210號地下一樓領取。
註:有關代扣健保費請參閱背面發放說明事項。

僅此通知，無須寄回。
應扣補充健保費含股票股利配發金額計算。

銷帳：　　　　　　　　　　核印：

以下這張是大俠去年稅務紀錄中的資料，我個人在 2021 年領到股息 105 萬元，也全數交給老婆用於日常支出。

★股利及盈餘可抵減稅額：

股利及盈餘合計金額
1,052,064

二、資本利得 Cover 買車買房帳戶

這個帳戶是大俠拿來做波段，佈局被市場看衰的績優股。這些績優股高漲後，如果達到目標報酬，大俠就會進行結帳，把報酬拿去轉換成實體房產或是換台新車。資金的佈局方式參考第三章〈請翻開第 87 頁〉。

佈局前大俠會設定目標報酬金額或是目標報酬率，一等達標時便獲利了結。如果佈局週期內沒達成目標報酬，那麼就再拿股息持續投入直到達成目標為止，所以務必選擇「長年配息穩健」的績優股或是 ETF。

下面以元大高股息（0056）來做為舉例：假設你目前手上有 240 萬元，距離下次領股息日還有 240 個交易日。那麼，大俠會設定「0056、定期定額日、日扣 1 萬元」，照樣下來，會在 240 萬全部投入、完成布局的那一天，剛好領到股息。

假設我們想賺 24 萬元、報酬約 10% 的前提下，如果遇到以下兩種情況，我們要隨之應變：

1. 佈局期間達成目標報酬
直接獲利了結走人，不論後面有沒有漲都不要掛心，就當成留給別人賺。

2. 佈局到明年領息日時都沒達成目標報酬
我會把拿到的股息持續往裡頭滾，直到目標達成後馬上獲利了結，只是不保證要花幾年才能達成。所以，請務必使用可以長期滾入、直到滿足的目標報酬「閒錢」來佈局。

波段報酬達成的手法就是如此簡單，而且純靠定期定額或者是不定期不定額就能達成。但前提是務必要選擇長期配息穩健的績優股或 ETF，才能源源不絕的持續累積，以期市場回春時一次獲得整段的完整報酬。

　　下圖是開頭提到的已實現損益波段對帳單，大俠從 2022 年 1 月 1 日拉到 12 月 31 日，每一個交易日的每一筆交易賺賠損益總和：144 萬元，而且絕對沒有只挑有漲的部分，全數都是從年初至今，每筆交易的漲跌沖銷賺賠總和。

※ 資料來源：證券 APP

上面這張波段獲利對帳單只能看到結果，所以大俠會秀出波段帳戶的集保 e 存摺，來讓讀者印證下列事項：

- 大俠如何佈局？何時佈局？
- 大俠如何調節？何時調節？
- 目前資金佈局比重水位在哪裡？

　　2022 年 12 月 5 日，已經佈局資金水位和證券餘額資金水位比例：

- 已經佈局資金水位：20.40％
- 證券餘額資金水位：79.60％

　　目前有 79.6％的資金正在預備，而已經在場內佈局的資金有 20.40％。

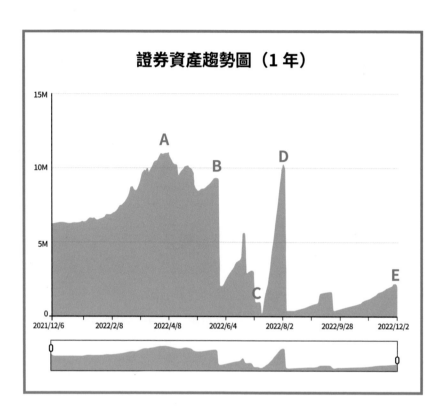

證券資產趨勢圖（1 年）

上圖中 A、B 區段是金融股高漲大俠分別做兩次調節，C、D 部分是吃國安雞湯[※]的營養，E 部分是現在佈局的水位。

※ 國安基金（行政院國家金融安定基金）因為外資在 2022 年上半年賣超近新台幣兆元，而決定於同年 7 月 13 日進場至 9 月底止，累計 57 個交易日，投入金額逾新台幣 112 億元來護盤。（資料來源：中央社 2022/10/6）

波段帳戶的調節手法只有一個重點，就是設定一個目標報酬，並在達成後立馬閃人，所以完全不看什麼景氣多空線型轉折。總之，報酬尚未達成就持續投入直到滿足目標為止。

歡迎讀者到大俠在「方格子」開設的部落格逛逛，上面長期追蹤紀錄了這個波段帳戶的佈局，大家會更輕鬆、即時地知道大俠的操作過程，以及獲利了結的思維。

三、小資 Cover 貓咪罐罐投資帳戶

這個帳戶主要是分享給小資族，可以如何靠著小資零股穩健投資，來 Cover 毛孩兒、旅費、存頭期款、房租、週年慶購物費⋯⋯等需求，期許小資投資新鮮人也能透過長期理財來達成人生目標。

以下小資對帳單，佈局方式同樣採用書中提到的方式。每次去參加貓咪展的時候，大俠都會查看一下有哪些股票報酬滿足目標，然後調節一些去換成罐罐、肉泥或逗貓棒。

其實從下面對帳單也不難發現，全數都是用零股來佈局，所以投資要能產生報酬，小資也能做到。

貓咪罐罐帳戶對帳單

下單	商品	損益	報酬率	類別	昨日餘額	本日餘額	市價	成交均價	付出成本	股票市值	幣別
	元大台灣50	445	3.29%	現股	118	118	118.5	114.53	13,519	13,964	臺幣
	富邦科技	453	4.72%	現股	95	95	105.85	100.91	9,588	10,041	臺幣
	元大電子	147	1.86%	現股	137	137	58.95	57.78	7,918	8,065	臺幣
	元大高股息	511	3.68%	現股	520	520	27.7	26.66	13,868	14,379	臺幣
	富邦台50	467	3.43%	現股	206	206	68.55	66.15	13,631	14,098	臺幣
	富邦公司治理	296	2.3%	現股	448	448	29.39	28.67	12,848	13,144	臺幣
	元大台灣高息低波	50	0.34%	現股	383	383	38.81	38.6	14,790	14,840	臺幣
	富邦臺灣優質高息	219	2.44%	現股	485	485	18.98	18.49	8,971	9,190	臺幣
	統一FANG+	1,737	11.01%	現股	409	409	42.89	38.55	15,773	17,510	臺幣
	中信高評級公司債	61	1.53%	現股	115	115	35.17	34.62	3,982	4,043	臺幣
	國泰費城半導體	1,556	10.47%	現股	598	598	27.5	24.84	14,863	16,419	臺幣
	國泰US短期公債	28	0.4%	現股	173	173	40.49	40.3	6,974	7,002	臺幣
	國泰台灣5G+	385	2.58%	現股	1,025	1,025	14.96	14.55	14,922	15,307	臺幣
	中信關鍵半導體	681	6.22%	現股	879	879	13.26	12.46	10,955	11,636	臺幣
	富邦台灣半導體	865	7.24%	現股	1,058	1,058	12.13	11.29	11,947	12,812	臺幣
	中信小資高價30	216	2.71%	現股	612	612	13.42	13.04	7,985	8,201	臺幣
	富邦特選高股息30	342	3.12%	現股	980	980	11.55	11.18	10,958	11,300	臺幣
	永豐智能車供應鏈	261	2.02%	現股	1,028	1,028	12.86	12.58	12,937	13,198	臺幣
	群益台灣精選高息	402	4.48%	現股	504	504	18.63	17.8	8,973	9,375	臺幣
	統一	232	1.47%	現股	234	234	68.9	67.56	15,812	16,044	臺幣
	南亞	373	2.36%	現股	214	214	75.9	73.88	15,814	16,187	臺幣
	亞德客-KY	238	2.74%	現股	8	8	1,120	1,086.5	8,693	8,931	臺幣
	華新	160	1.78%	現股	175	175	52.4	51.31	8,980	9,140	臺幣
	中鋼	612	3.85%	現股	528	528	31.4	30.12	15,909	16,521	臺幣
	上銀	475	4.08%	現股	48	48	253.5	242.75	11,653	12,128	臺幣
	光寶科	292	3.73%	現股	117	117	69.7	66.95	7,834	8,126	臺幣
	聯電	3,000	19.09%	現股	355	355	52.9	44.24	15,712	18,712	臺幣
	仁寶	395	4.96%	現股	346	346	24.25	23.01	7,965	8,360	臺幣
	台積電	474	3.84%	現股	25	25	515	493.88	12,355	12,829	臺幣
	華邦電	543	7.79%	現股	314	314	24	22.19	6,969	7,512	臺幣

（接下頁）

（接上頁）

下單	商品	損益	報酬率	類別	昨日餘額	本日餘額	市價	成交均價	付出成本	股票市值	幣別
■	華邦電	543	7.79%	現股	314	314	24	22.19	6,969	7,512	臺幣
■	智邦	808	12.32%	現股	25	25	295.5	262.16	6,556	7,364	臺幣
■	宏碁	642	8.06%	現股	321	321	26.9	24.79	7,962	8,604	臺幣
■	英業達	673	8.46%	現股	308	308	28.1	25.81	7,952	8,625	臺幣
■	微星	688	8.94%	現股	59	59	142.5	130.36	7,692	8,380	臺幣
■	瑞昱	1,824	21.42%	現股	26	26	399	327.46	8,517	10,341	臺幣
■	廣達	1,100	11.32%	現股	130	130	83.5	74.72	9,717	10,817	臺幣
■	友達	426	5.34%	現股	467	467	18.05	17.07	7,976	8,402	臺幣
■	中華電	421	3.35%	現股	110	110	118.5	114.22	12,570	12,991	臺幣
■	聯發科	1,154	11.13%	現股	15	15	771	691	10,370	11,524	臺幣
■	可成	230	3.1%	現股	41	41	187.5	181.17	7,431	7,661	臺幣
■	華新科	183	2.34%	現股	86	86	93.4	90.91	7,820	8,003	臺幣
■	長榮	922	8.18%	現股	76	76	161	148.32	11,275	12,197	臺幣
■	陽明	587	5.02%	現股	189	189	65.2	61.85	11,694	12,281	臺幣
■	兆豐金	351	1.99%	現股	567	567	31.9	31.17	17,676	18,027	臺幣
■	大立光	445	7.06%	現股	3	3	2,255	2,099	6,299	6,744	臺幣
■	增你強	4,294	14.43%	現股	1,080	1,080	31.65	27.53	29,762	34,056	臺幣
■	聯詠	2,029	31.35%	現股	20	20	426.5	323.45	6,472	8,501	臺幣
■	緯創	630	12.68%	現股	161	161	34.9	30.85	4,969	5,599	臺幣
■	群創	450	9.05%	現股	369	369	14.75	13.48	4,974	5,424	臺幣
■	日月光投控	253	5.26%	現股	47	47	108	102.21	4,806	5,059	臺幣
■	遠傳	137	3.46%	現股	58	58	70.8	68.17	3,955	4,092	臺幣
■	和碩	152	3.07%	現股	75	75	68.2	65.89	4,944	5,096	臺幣
■	祥碩	1,296	35.33%	現股	4	4	1,245	916.75	3,668	4,964	臺幣
■	中租-KY	86	2.25%	現股	17	17	230.5	224.59	3,820	3,906	臺幣
■	力成	168	3.42%	現股	57	57	89.4	86.09	4,909	5,077	臺幣
■	緯穎	214	6%	現股	4	4	948	891.25	3,566	3,780	臺幣
■	力積電	120	3.03%	現股	120	120	34.15	33.01	3,963	4,083	臺幣
■	南電	428	11.44%	現股	16	16	261.5	233.81	3,742	4,170	臺幣

黃金商品「股數」欄位，揭示單位為台錢， 10台錢=1台兩/
交易單位

需要設立停損點？

常看到網路上有很多不錯的分析文，但某些分析長期投資的文章中，總少不了註明「停損價位」。這種內容都令大俠感到疑惑，如果是一套可行且長期投資績優股的方式，會有必要停損嗎？

長期跟著大俠佈局的讀者，一定都能感受到大俠的投資策略，是可以長久持續下去，而且通常不用設立停損點的。因為我們會一直利滾利，直到報酬或年領股息目標達成為止。在秉持著「疑股不存，存股不疑」的前提下，自然不用擔心公司的短期價格震盪。

當三大問題出現，有必要設立停損點

1. 資金用的不是閒錢
2. 公司本身令人疑惑
3. 投資佈局策略有誤

老實說，除非資金用的不是閒錢，而是有效期限的資金，才有可能出現設立停損的考慮。什麼是有效期限的資金？比方說，你將下個月要繳的房貸，今天先拿來衝衝看，看有沒有機會在兩三天內翻倍；或者將下個月要繳的學費，今天先拿來衝衝看，試圖在幾週內翻倍，最好是直接財富自由就可以休學了；又或者一年後要舉辦婚禮，今年先來衝衝看，看有沒有機會暴漲好幾倍，升級成世紀婚禮讓自己更有面子⋯⋯。

　　以上這些必須在一定時間獲利了結，否則付不出帳單的狀況，就屬於有效期限的資金。

鎖定可靠標的、閒錢投資

　　遭到有效期限牽制住的最慘情況，就是砍在谷底。要是有人趁一檔好公司在底部時佈局了好一陣子，只因為用的不是閒錢，資金又遇上突發狀況，而被迫了結出場，出場後又目睹行情起漲的話，一定會悔不當初。這種情況下，一般人通常會採取什麼行動？

　　就是去做更具風險的投機行為，試圖一把賺回來。要是走到了這種地步，等同於開啟了萬劫不覆的大門，直到把金錢輸光或是賠掉整個人生為止。

如果是用沒有效期限的資金來投資？那就可以在目標報酬尚未達成時，持續地拿股息和工資剩餘閒錢滾下去，直到達標為止。所以，股息是否連年穩穩入袋，就顯得無比關鍵，因為這關乎到能不能用公司盈餘股息分紅，繼續投資、累積複利的成效。

因此，我們選股一定要選長年參與報酬並穩健配息的公司。這部分會在第二章〈如何選股〉中說明，這邊就不再贅述。

懂得放長線，才能釣大魚

至於投資策略出錯，問題往往出在下手太快。假設某人已經規畫出一筆參加慈善撲克牌大賽的 300 萬資金，卻效法電影劇情來個一次梭哈。結果梭哈隔天市場開始震盪，某人因受不了震盪過快而停損出清，不料出清隔天卻開出紅盤，於是忙著追進，卻追到尾盤又遇震盪而殺出……，這樣來回幾次，縱使家裡有金山銀山都不夠某人賠。

每個人都只擁有自己的 100％資金量，要是運用失當，哪怕本錢再多也會輸到脫褲。

關於資金控管我會在**第三章〈請翻開第 87 頁〉**中，講述各種資金佈局技巧，投資人可以直接翻來參考。大意上來講，假如你沒把握一次用完 100％的資金，就分成兩次（各 50％）來進場，萬一還是沒把握，就再分成四次（各 25％），依此類推，直到找出自己最舒服的佈局區間比例即可。

　　大俠本身是把資金分成一年份投入。簡單來說，我會將目前身上的這筆資金，在下次領股息日前分批投入。這種方式有個好處，那就是永遠都不會把資金用光，因為佈局完畢的那一天，又領到可以繼續佈局下去的股息。這種生生不息的現金流，不管大資小資都能借鏡使用，方法簡單到只要小學除法就會了，不需要什麼猜高猜低的複雜花招，甚至連看盤也免了，你唯一須要做的，就是做好定期定額的資金投入設定。

　　而且這招有紀律的維持一年，成本就是在年線；維持五年，投資人的持有成本就在五年線。如果維持十年呢？等同於純靠紀律，便打造出一條十年線的持有成本。

　　你說輕鬆不？像大俠投資一樣會很輕鬆。

　　為什麼大俠一直很重視完整交代對帳單？因為唯有這麼做，才能呈現清楚的脈絡跟核心思想，而且用同樣的邏輯來分享，也比較好讓新進投資人參考和複製。

　　還有一點很重要，長期誠實面對自己的對帳單乃是獲利的開始。

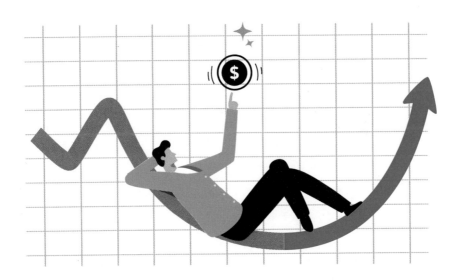

CHAPTER

2

如何選股

2-1 股息 Cover 全息人生

$ % ≑

　　買到爛公司無異於自殺，這點投資人必須牢記在心。因為爛公司充滿一堆不確定性，更容易干擾投資人的生活以及睡眠品質，甚至嚴重影響到長期複利。所以，就算消息再誘人，也要先回頭查看該企業經營團隊的實績，如：是否曾帶領公司獲利引擎，扭轉市場環境屢創佳績。

　　在上本書中，大俠有談到投資一家公司之前，一定要先釐清十大股東中的三大角色是由哪些單位來扮演：

1. **既得利益者**是誰？
2. **施惠者**會是誰？
3. **監督者**又是誰？

投資前，先釐清十大股東的三大關鍵角色

　　唯有搞清楚十大股東的角色關係，那麼長期投資想要賠錢還真不容易，不過相關內容本書不再多加贅述，有興趣的讀者請翻閱前作。

選擇懂賺錢又大方的公司

　　本書會讓選股邏輯更加通俗一點，只要查看一間公司是否能長期產生盈餘，以及是否連年將盈餘分紅給股東即可。

　　為什麼這點很重要？大俠是個務實的人，不聽話術、不聽

公司發言人買新聞畫大餅、不相信美化後的財報數據，只單純相信一件事情：一間公司，是否能連年產出盈餘？或是將盈餘分紅給股東？實際鈔票最為重要，除了實質收穫以外，通通只是話術。

換個角度來想，假設你的老闆廢話一堆，連續好幾年跟你說什麼明年公司會很好啦、會加薪啦、完成某項目就承諾給你什麼又什麼……這種連年重複的說詞，在大俠耳中都是廢話。那什麼是真話？就是把承諾過的實際給你才叫做真話，該給的公司分紅給一給、該加的薪加一加，兌現的才是真話，除此之外只是老闆在唬爛而已。

如果婚前男方不斷給女方承諾一堆願景，卻從來沒實現，那就算男方講話再漂亮也只是空話。一個男人能給女人最長久且保值的愛，一定不是甜言蜜語，而是靠得住。所以要是一個女人遇到老是講空話的人還敢嫁？那只能自求多福了。

成年人的交往方式，就是得拿出實在的東西，否則只是在浪費彼此的時間。投資也一樣，要知道股東和公司之間，沒有什麼天長地久、海枯石爛的空話承諾要去維持，更沒什麼股東力挺到底這回事。再說一次，**在資本主義成年人的世界中，唯有互利才能永久。**

要是無法互利，任何關係都會變成委曲求全。咱們之所以投資股市，無非希望自己將來活得有底氣，至於什麼是底氣？講白了就是鈔票。

一間能長期穩健給出盈餘的企業，投資人還需要花時間去管他是如何經營的嗎？根本不用！

所以大俠才時常分享，一間好公司，代表有能耐養出只顧著天天享受生活的股東。因為一間好公司，會用連年的盈餘分紅讓股東明白，市場問題交給他們來處理就好。正所謂不用顧路的車才是好車，不用整天讓人擔心財報問題的公司才是好公司。

好公司就是要讓股東買來搞不清楚的。如果是一間會讓自己天天擔心，時常要追著財報、看著股價、盯著新聞、關心籌碼，甚至檢查大戶動向的公司，那大俠根本就懶得去投資。畢竟太習慣當個耍廢跟摸魚股東了，根本懶得去顧路啦！

至於不用顧路是什麼意思？就是車子買來開，車主不必要懂車，也不必時常豎起耳朵聽發動機是不是又要拋錨了，這樣的車，就是一台不用顧路的好車。

兩大條件，選出績優股

　　不過，券商的定期定額清單有這麼多企業股票，投資人該怎麼選？大俠接下來要分享選出長期績優股的方法和兩大條件。

01
STEP

首先到 Google
搜尋「Goodinfo! 台灣股市資訊網」
https://goodinfo.tw/tw/index.asp

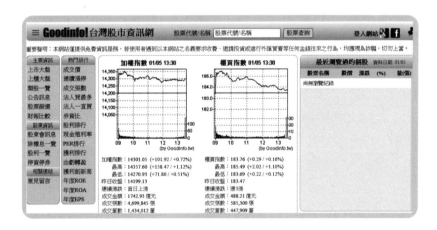

02 STEP

從頁面左上角的下拉欄位中，點選主要資訊下方的類股一覽。

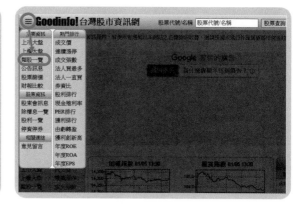

03 STEP

頁面轉換後，依序點選：
智慧選股
→股利政策
→連續配發股利次數
→選取連續配發現金股利。

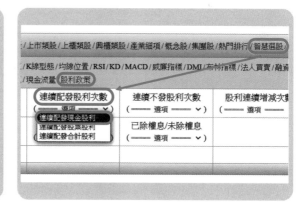

點選完、頁面轉換後，會跑出下列歷年來的現金股利連續配發次數排行表格。

代號	名稱	股價日期	成交	漲跌價	漲跌幅	成交張數	股利發放年度	現金股利連配次數	現金股利連配總額(元)	現金股利連配均額(元)	配息均額除以股價(%)	票配連配次數	股票股利連配總額(元)	股票股利連配均(元)
1102	亞泥	10/06	40.15	+0.35	+0.88	5,022	2022	+39	60.16	1.54	3.84	-8	0	0
1402	遠東新	10/06	32.15	+0.4	+1.26	14,531	2022	+39	38.55	0.99	3.07	-7	0	0
2002	中鋼	10/06	27.8	+0.2	+0.72	18,216	2022	+39	60.83	1.56	5.61	-8	0	0
1434	福懋	10/06	27	+0.1	+0.37	606	2022	+37	40.2	1.09	4.02	-16	0	0
2013	中鋼構	10/06	53	-0.2	-0.38	92	2022	+33	28.93	0.88	1.65	-17	0	0
1109	信大	10/06	15.65	+0.1	+0.64	78	2022	+32	20.76	0.65	4.15	-18	0	0
1234	黑松	10/06	33.2	0	0	52	2022	+32	30.47	0.95	2.87	-21	0	0
3705	永信	10/06	39.55	-0.05	-0.13	92	2022	+31	48	1.55	3.92	-7	0	0
2382	廣達	10/06	76	-0.2	-0.26	8,805	2022	+30	82.52	2.75	3.62	-13	0	0
4706	大恭	10/06	17.2	+0.15	+0.88	3	2022	+30	22.1	0.74	4.28	-19	0	0
9921	巨大	10/06	207.5	-2.5	-1.19	958	2022	+30	102.9	3.43	1.65	-13	0	0
2029	盛餘	10/06	23.75	-0.25	-1.04	327	2022	+29	42.2	1.46	6.13	-19	0	0
2207	和泰車	10/06	587	+17	+2.98	232	2022	+29	184.2	6.35	1.08	-22	0	0
2912	統一超	10/06	276.5	-0.5	-0.18	691	2022	+29	134.5	4.64	1.68	-13	0	0
1521	大億	10/06	34.6	0	0	17	2022	+28	69.52	2.48	7.18	-23	0	0
1229	聯華	10/06	50.6	-0.3	-0.59	1,017	2022	+27	22.55	0.84	1.65	+8	5.75	0.?
1503	士電	10/06	56.6	-0.3	-0.53	110	2022	+27	28	1.04	1.83	-21	0	0
1525	江申	10/06	57.6	-0.2	-0.35	11	2022	+27	35.25	1.31	2.27	-6	0	0

代號	名稱	股價日期	成交	漲跌價	漲跌幅	成交張數	股利發放年度	現金股利連配次數	現金股利連配總額(元)	現金股利連配均額(元)	配息均額除以股價(%)	票配連配次數	股票股利連配總額(元)	股票股利連配均(元)
2308	台達電	10/06	278.5	+9	+3.34	11,927	2022	+27	99.84	3.7	1.33	-13	0	0
4506	崇友	10/06	74	+0.1	+0.14	23	2022	+27	37.3	1.38	1.87	-22	0	0
9931	欣高	10/06	38.65	0	0	1	2022	+27	24.45	0.91	2.34	-2	0	0
1723	中碳	10/06	106	+0.5	+0.47	138	2022	+26	111.6	4.29	4.05	-14	0	0
9939	宏全	10/06	83.3	-1.1	-1.3	1,025	2022	+26	50.92	1.96	2.35	-12	0	0
1231	聯華食	10/06	70.1	+0.1	+0.14	76	2022	+25	23.97	0.96	1.37	+7	4.28	0.0?
1315	達新	10/06	67.5	0	0	14	2022	+25	40.45	1.62	2.4	-25	0	0
2412	中華電	10/06	110.5	-1	-0.9	9,803	2022	+25	114.9	4.6	4.16	-13	0	0
2451	創見	10/06	65.8	+0.5	+0.77	293	2022	+25	103.1	4.12	6.27	-13	0	0
2488	漢平	10/06	28.65	+0.05	+0.17	185	2022	+25	37.4	1.5	5.22	-18	0	0
4722	國精化	10/06	34.25	-0.6	-1.72	55	2022	+25	29.58	1.18	3.45	-4	0	0
6277	宏正	10/06	76.2	-0.1	-0.13	11	2022	+25	117.9	4.72	6.19	-13	0	0
9905	大華	10/06	24.75	+0.1	+0.41	47	2022	+25	32.1	1.28	5.19	-24	0	0
9924	福興	10/06	41.4	-0.1	-0.24	87	2022	+25	44.81	1.79	4.33	-17	0	0
1210	大成	10/06	45	0	0	380	2022	+24	27.14	1.13	2.51	+2	0.8	0.
1216	統一	10/06	66	-0.3	-0.45	7,416	2022	+24	35.5	1.48	2.24	-7	0	0
1233	天仁	10/06	33.2	-0.1	-0.3	2	2022	+24	34.24	1.43	4.3	-15	0	0
1301	台塑	10/06	86.1	-1.6	-1.82	10,250	2022	+24	81.2	3.38	3.93	-9	0	0

現在，我們可以從按照「**現金股利連配次數排名**」的清單中，選出有提供定期定額的券商公司。

為什麼要這樣選？因為有能力連續配發現金股利這麼多年的公司，代表他們具備應對長期市場上任何景氣循環的經營實力，甚至能在景氣不好時，扭轉公司獲利引擎再創成長趨勢。這種實力才能長期獲利不墜，以及連年將盈餘配息分紅給股東。

一旦遇上年年都能賺錢、分紅的企業，大俠這個耍廢股東就懶得去操心了。內心話：都已經花錢請人來經營了，還需要我這個耍廢股東天天操心？如果會提心吊膽的話，一開始就別投資。

兩大篩選條件，高盈餘品質

條件 1：有發「現金股利」。

條件 2：發配次數是否「夠多」以及具備「連續性」。

2-2 大俠的口袋績優股

$ % ≒

　　以下是大俠從根據上述方式，篩選出來的績優股「定期定額」口袋清單：

1. 亞　　泥（1102）：現金股利連配次數＋**39**

2. 遠東新（1402）：現金股利連配次數＋**39**

3. 中　　鋼（2002）：現金股利連配次數＋**39**

4. 廣　　達（2382）：現金股利連配次數＋**30**

5. 巨　　大（9921）：現金股利連配次數＋**30**

6. 和泰車（2207）：現金股利連配次數＋**29**

7. 統一超（2912）：現金股利連配次數＋**29**

8. 台達電（2308）：現金股利連配次數＋**27**

9. 中華電（2412）：現金股利連配次數＋**25**

10. 統　　一（1216）：現金股利連配次數＋**24**

代號	名稱	股價日期	成交	漲跌價	漲跌幅	成交張數	股利發放年度	現金股利連配次數▼	現金股利連配總額(元)	現金股利連配均額(元)	配息均額除以股價(%)	股票股利連配次數	股票股利連配總額(元)	股股利連均(元
1102	亞泥	10/06	40.15	+0.35	+0.88	5,022	2022	+39	60.16	1.54	3.84	-8	0	0
1402	遠東新	10/06	32.15	+0.4	+1.26	14,531	2022	+39	38.55	0.99	3.07	-7	0	0
2002	中鋼	10/06	27.8	+0.2	+0.72	18,216	2022	+39	60.83	1.56	5.61	-8	0	0
1434	福懋	10/06	27	+0.1	+0.37	606	2022	+37	40.2	1.09	4.02	-16	0	0
2013	中鋼構	10/06	53	-0.2	-0.38	92	2022	+33	28.93	0.88	1.65	-17	0	0
1109	信大	10/06	15.65	+0.1	+0.64	78	2022	+32	20.76	0.65	4.15	-18	0	0
1234	黑松	10/06	33.2	0	0	52	2022	+32	30.47	0.95	2.87	-21	0	0
3705	永信	10/06	39.55	-0.05	-0.13	92	2022	+31	48	1.55	3.92	-7	0	0
2382	廣達	10/06	76	-0.2	-0.26	8,805	2022	+30	82.52	2.75	3.62	-13	0	0
4706	大恭	10/06	17.2	+0.15	+0.88	3	2022	+30	22.1	0.74	4.28	-19	0	0
9921	巨大	10/06	207.5	-2.5	-1.19	958	2022	+30	102.9	3.43	1.65	-13	0	0
2029	盛餘	10/06	23.75	-0.25	-1.04	327	2022	+29	42.2	1.46	6.13	-19	0	0
2207	和泰車	10/06	587	+17	+2.98	232	2022	+29	184.2	6.35	1.08	-22	0	0
2912	統一超	10/06	276.5	-0.5	-0.18	691	2022	+29	134.5	4.64	1.68	-13	0	0
1521	大億	10/06	34.6	0	0	17	2022	+28	69.52	2.48	7.18	-23	0	0
1229	聯華	10/06	50.6	-0.3	-0.59	1,017	2022	+27	22.55	0.84	1.65	+8	5.75	0.1
1503	士電	10/06	56.6	-0.3	-0.53	110	2022	+27	28	1.04	1.83	-21	0	0
1525	江申	10/06	57.6	-0.2	-0.35	11	2022	+27	35.25	1.31	2.27	-6	0	0

代號	名稱	股價日期	成交	漲跌價	漲跌幅	成交張數	股利發放年度	現金股利連配次數▼	現金股利連配總額(元)	現金股利連配均額(元)	配息均額除以股價(%)	股票股利連配次數	股票股利連配總額(元)	股股利連均(元
2308	台達電	10/06	278.5	+9	+3.34	11,927	2022	+27	99.84	3.7	1.33	-13	0	0
4506	崇友	10/06	74	+0.1	+0.14	23	2022	+27	37.3	1.38	1.87	-22	0	0
9931	欣高	10/06	38.65	0	0	1	2022	+27	24.45	0.91	2.34	-2	0	0
1723	中碳	10/06	106	+0.5	+0.47	138	2022	+26	111.6	4.29	4.05	-14	0	0
9939	宏全	10/06	83.3	-1.1	-1.3	1,025	2022	+26	50.92	1.96	2.35	-12	0	0
1231	聯華食	10/06	70.1	+0.1	+0.14	76	2022	+25	23.97	0.96	1.37	+7	4.28	0.(
1315	達新	10/06	67.5	0	0	14	2022	+25	40.45	1.62	2.4	-25	0	0
2412	中華電	10/06	110.5	-1	-0.9	9,803	2022	+25	114.9	4.6	4.16	-13	0	0
2451	創見	10/06	65.8	+0.5	+0.77	293	2022	+25	103.1	4.12	6.27	-13	0	0
2488	漢平	10/06	28.65	+0.05	+0.17	185	2022	+25	37.4	1.5	5.22	-18	0	0
4722	國精化	10/06	34.25	-0.6	-1.72	55	2022	+25	29.58	1.18	3.45	-4	0	0
6277	宏正	10/06	76.2	-0.1	-0.13	11	2022	+25	117.9	4.72	6.19	-13	0	0
9905	大華	10/06	24.75	+0.1	+0.41	47	2022	+25	32.1	1.28	5.19	-24	0	0
9924	福興	10/06	41.4	-0.1	-0.24	87	2022	+25	44.81	1.79	4.33	-17	0	0
1210	大成	10/06	45	0	0	380	2022	+24	27.14	1.13	2.51	+2	0.8	0.
1216	統一	10/06	66	-0.3	-0.45	7,416	2022	+24	35.5	1.48	2.24	-7	0	0
1233	天仁	10/06	33.2	-0.1	-0.3	2	2022	+24	34.24	1.43	4.3	-15	0	0
1301	台塑	10/06	86.1	-1.6	-1.82	10,250	2022	+24	81.2	3.38	3.93	-9	0	0

除了這十檔，大俠還有八十多檔沒列出來，這八十多檔同樣是按照這個方式篩選出來，所以不另外贅述。此外，也有納入長期績效趨勢向上的 ETF，所以大俠的投資也不局限於個股。

從表格可看到多檔個股的合計股利連配總額，都比某些日子的收盤價還高了，難不成果真是左手配右手？若是如此，這種公司早就被左手配右手給配到下市啦。那麼，為什麼這些績優股都還在市場上？

其實股息代表公司的盈餘，而公司則把賺錢分紅給股東。只是投資人有事沒事天天看股價，才會將收到的盈餘，誤判為扣股價的結果。

股市原意就是希望所有人都能夠購買資產、長期參與企業成長，但是後來貪婪的人多了，利用資訊不對稱來從中獲利，連帶讓越來越多人搞不清楚股票市場的原意，終於促使股市淪為牛鬼蛇神之地。

不要錯把投機當投資

所以投資人吵的「股息是左手換右手」到底是在吵什麼？還不就是因為大家太喜歡時時關注股價，才會覺得是左手換右手。

大俠舉個例子說明：三個朋友合夥開雞排店，雞排店有盈餘60萬，分給三個股東，您會覺得雞排店分紅是左手換右手嗎？

不會嘛，對不對？但有想過為什麼不會？

因為雞排店不會每天秀出市場對他的估值，所以股東拿到盈餘分紅時，就不會覺得是左手換右手。然而，股票可以在交易日隨時看到即時成交價，導致天天看股價的人，將除息後發盈餘的作為跟扣股價劃上等號。

追根究柢，正因為股東有事沒事查看股價，才產生左手換右手的錯覺，而天天查看股價的結果，就連帶把投資搞成了投機。要是股價每月才估值一次，或是三個月才估值一次，相信根本沒有人會覺得參加除息是左手換右手。

所謂的左手換右手，就是投資人無聊天天看股價，把投資搞成了投機。

當股東拿到盈餘後，可以去收購其他股東手上的股權（如果其他股東想賣出的話），或者再開其他間雞排店，又或者是交給雞排店去增加資本支出、擴增營收，並期待明年收到更多盈餘。

唯有投資人不談股價只談盈餘後，才能搞懂投資的真義。

會談股價，通常是為了交易手上的股權，在一買一賣之間賺價差的零和牌桌遊戲；如果只談盈餘，則代表希望公司業績蒸蒸日上，達成多贏的股東正和投資遊戲。

現在，容我再重複一次前面所講的：「股市原意就是希望所有人都能夠購買資產、長期參與企業成長，只是後來貪婪的人多了，利用資訊不對稱才從中獲利，連帶讓越來越多人搞不清楚股票市場的原意（透過集中交易買進續優股），終於促使股市淪為牛鬼蛇神之地。」

大家共勉之。

所有人一起賺，才是股市的本意

看到這邊也許您會想問：「要是大家都賺錢，就沒人負責賠錢囉？！」

大俠要再次強調，股票市場本來就是設計來給大家一起賺錢，而非讓人賠錢的。只是人多水雜，貪婪之心四起，才讓眾人忘記股市原意是提供普通投資人，也有機會買進續優股，一起享受公司成長，以及收穫盈餘分紅的機會。

由於股市設計的初衷，是為了讓股東和公司能夠雙贏的正和遊戲，可惜後來爾虞我詐、互相提防、抬轎倒貨的事情一多，讓許多新進投資人拿著本金入場，最終因失去所有本金而黯然離場。

然而，水至清則無魚，人至察則無徒。任何可以在市場上保持取得報酬的方式，都是對的。因為理論終究只是名詞，只要能幫您撈進實際的鈔票就是正確的。

大俠想說的是，如果您厭倦了盤中盯盤、頻繁交易，卻不見得能取得報酬的方式，或許可以換個方式，轉為控管資金、分批買進長年有穩健配發盈餘，樂意分紅給股東的企業。不過，光有連年配發盈餘分紅還不夠，大俠會進一步挑出同時具備長期成長能力的公司。

長年分紅不夠，還要報酬持續成長

不難發現，這些有辦法連年分紅且與年俱增的企業，市場對他們鑑價可是長期看好。當然，或許您會指出由股神巴菲特（Warren Buffett）主導的控股公司──波克夏（Berkshire Hathaway Inc.）沒配發股息，市場鑑價還不是一樣長期看好？但那是因為波克夏對於股息的一貫做法是「盈餘再投資、視為獵大象的銀彈、會被課稅」，所以才傾向不發股息。

巴菲特認為，除非股東領到股利後，能創造出更多比公司保留盈餘、再投資所得到的現金時，發股息給股東這件事情才正確。

換句話說，不是波克夏不將盈餘發給股東，而是巴菲特認為經營團隊比股東還行，能讓股息創造更高收益。其投資的邏輯核心就是，唯有產出更多鈔票市值，才是對股東最有利的作法。

從這個角度來看，我們不難發現巴菲特對於盈餘「要如何處理、放在哪裡？是留在公司再投資？亦或把錢交給股東自行投資？」的考量，始終都非常符合邏輯。背後考量就只是波克夏比你更能將盈餘再創收益，不希望股東拿到盈餘後亂投資或輸光，才沒發給股東。

所以，我們不妨將關鍵放在一間公司：常年下來是否有能力面對景氣起伏、常年保持盈餘還能蒸蒸日上。通常市場對於這種經營績效良好的公司，鑑價也會水漲船高。

如此一來，股東不僅每年領到的分紅現金流增加了，同時也享有該企業連年成長的股票市值。因而股息不股息、殖利率

不殖利率,其實不是首要重點,關鍵核心在於「持有市值要常年上升」。

也就是說,我們要股息,更要市值成長!反正重點在於鈔票要變多,而且所謂投資就是找專業經營團隊,來有效處理市場問題,幫我這個耍廢股東的增加鈔票啦。

只要投資績優公司,請他們幫忙增加鈔票,完全不必靠頻繁交易,就能享受到優渥的生活。

小資族如何挑選優質 ETF

$ % ≒

前面談了篩選績優股的原則和方法，也分享了大俠長期持有的口袋清單。那麼 ETF 又該如何挑選呢？下面同樣分享大俠的篩選條件和方法。

大俠 的 ETF 篩選條件

1. 年化報酬率高
2. 同期績效不輸給大盤
3. 券商有提供定期定額的選項

什麼是年化報酬率（Internal Rate of Return，IRR）？公式參考如下。不過，大俠不想浪費篇幅談這個隨意 Google 就能找到一堆的東西，要講就講實戰經驗。

$$\blacksquare \ \text{年化報酬率} = \left(\frac{\text{本金} + \text{利息收入}}{\text{本金}} \right)^{\frac{1}{\text{投資時間（年）}}} - 1$$

下頁表格是從公開網站上，在台灣發行的 ETF 中，依據「成立以來年化報酬」這個條件篩選出來的排行榜。

所謂「成立以來年化報酬」，簡單來說就是指這檔 ETF 從上市日至今的每年平均市值成長的報酬率。

年化報酬率到底有多重要？它關乎投資人拿到的股息是否為實質獲利。

大俠武林精選 ETF

排名	代碼	ETF 名稱	成立以來年化報酬率 (%)
7	00733	富邦臺灣中小 A 級動能 50ETF 基金	17.15
8	00850	元大臺灣 ESG 永續 ETF 基金	16.53
12	00692	富邦臺灣公司治理 100 基金	12.43
13	006208	富邦台灣釆吉 50 基金	12.20
15	00713	元大台灣高股息低波動 ETF 基金	11.12
18	006204	永豐臺灣加權 ETF 基金（豐臺灣）	10.46
19	0052	富邦台灣科技指數基金	10.32
20	00690	兆豐臺灣藍籌 30ETF 基金	10.21
21	00878	國泰臺灣 ESG 永續高股息 ETF 基金	10.10
23	0050	元大台灣卓越 50 基金	9.68
25	00728	第一金臺灣工業菁英 30ETF 基金	9.45
26	00735	國泰臺韓科技基金	9.38
29	006203	元大摩臺基金	9.03
30	00731	復華富時台灣高股息低波動基金（本基金之配息來源可能爲收益平準基金）	8.22
31	0051	元大台灣中型 100 基金	7.85
32	0057	富邦台灣摩根基金	7.28
33	0053	元大台灣電子科技基金	7.26
34	00701	國泰臺灣低波動股利精選 30 基金	6.66
36	0056	元大台灣高股息基金	5.84

※ 資料來源：Money DJ 理財網（2023 年 2 月 25 日）

　　前陣子有人問，為何某檔 ETF 有 5％配息，但報酬率只有 2％？這樣有道理嗎？大俠要再次強調，年化配息率跟年化報酬率之間，沒有絕對的關係。

　　這是什麼意思？比方說，你拿 100 元投資，然後放到隔年除息前一天還是 100 元，那麼，此時的年化報酬是 0％；而假設你拿到股息 5 元，除息完後剩 95 元，此時如果只看殖利率會是 5％，但問題在於，若把股息 5 元加上持有市值，結果還是最初投資的 100 元。這樣有賺到錢嗎？答案是：沒有。

　　要是年化殖利率大於年化報酬率，只代表一件事情：投資人是拿自己的本金配息給自己。但若是年化殖利率小於年化報酬率，才代表你拿的股息，是實質的投資獲利。

　　進一步來說，當你持有的 ETF 從 100 元漲到 108 元，且配息拿到 5 元，代表有透過參加除息的方式，來獲得帳上部分損益。亦即，你從 8 元報酬中拿走了 5 元，剩下 3 元持續留在股市利滾利。

　　那麼，為什麼不賣掉來獲得 8 元報酬呢？這就要看投資人自己的想法了。儘管賣掉後能拿到 8 元全數報酬，但本金抽離

股市的作法，很可能因為後續上漲，面臨再也吃不到的股息的結果。不過，也有可能趁著股市下跌前，因為提前抽離或減碼，而在下跌區間佈局出更多股數。

然而，這種神乎其技低買高賣，往往要在事後才能論英雄。比較常見的情況反而是，你還沒完成回補前股市又漲了，並且往往因為追著股市跑而誤判情勢，輕易將前十次累積的報酬一次倒光。所以大俠秉持一項原則：除非是為了拿去買其他實體資產，否則絕不輕易將本金和報酬全數了結。

我們篩選出「成立以來年化報酬率」排行榜後，接著將篩選出的每檔 ETF 跟大盤的同期績效做比對，進一步篩選出同期定期定額績效中，年化報酬率不輸給大盤的 ETF。

下表假設每月 1 日扣款、每次扣款金額新台幣 10,000 元、股息再投入、手續費均收的條件來做比對。

非專業操盤手，長期投資最安心

總之，選擇最熟悉的標的投資就好，熟悉個股就投資個股、熟悉 ETF 就投資 ETF。如果手邊閒錢不夠投資個股，如：元

ETF 與同期大盤比較範例

投資標的	投資時間	年化報酬率
富邦臺灣中小 **（00733）**	2018/06/01 ～ 2023/02/24	**11.06%**
同期大盤	2018/06/01 ～ 2023/02/24	5.55%

投資標的	投資時間	年化報酬率
元大台灣 ESG 永續 **（00850）**	2019/09/02 ～ 2023/02/24	**5.13%**
同期大盤	2019/09/02 ～ 2023/02/24	3.96%

投資標的	投資時間	年化報酬率
富邦公司治理 **（00692）**	2017/06/01 ～ 2023/02/24	**5.91%**
同期大盤	2017/06/01 ～ 2023/02/24	5.65%

投資標的	投資時間	年化報酬率
元大台灣高息低波 **（00713）**	2017/10/02 ～ 2023/02/24	**6.33%**
同期大盤	2017/10/02 ～ 2023/02/24	5.64%

投資標的	投資時間	年化報酬率
富邦科技 **（0052）**	2006/09/12 ～ 2023/02/24	**7.84%**
同期大盤	2006/09/12 ～ 2023/02/24	5.68%

投資標的	投資時間	年化報酬率
國泰永續高股息 （00878）	2020/08/03 ～ 2023/02/24	**3.38%**
同期大盤	2020/08/03 ～ 2023/02/24	0.52%

投資標的	投資時間	年化報酬率
元大 MSCI 台灣 （006203）	2011/05/12 ～ 2023/02/24	**6.22%**
同期大盤	2011/05/12 ～ 2023/02/24	6.16%

投資標的	投資時間	年化報酬率
元大中型 100 （0051）	2006/09/01 ～ 2023/02/24	**5.70%**
同期大盤	2006/09/01 ～ 2023/02/24	5.68%

投資標的	投資時間	年化報酬率
元大電子 （0053）	2007/08/01 ～ 2023/02/24	**6.52%**
同期大盤	2007/08/01 ～ 2023/02/24	5.83%

※ 資料來源：Money DJ 理財網（2023 年 2 月 25 日）

大金（2885）、第一金（2892）、兆豐金（2886）或中華電信
（2412）……？或者，擔心投資個股的風險，怎麼辦？

很簡單啊，直接投資長期持有他們的 ETF 不就得了？從中
找出涵蓋度最大的 ETF，就能輕鬆篩選出來了。畢竟，一般非
專業操盤手的投資人，還是專心上班、乖乖長期投資可定期定
額 ETF，如：國泰股利精選 30（00701）、元大台灣 50（0050）、
富邦台 50（006208），恐怕才是最令小資理財新手安心的投資
法。

大俠想再次重申，如果投資就要投資年化報酬率較高的
ETF，這樣才能用最實際的方式來佈局。

一家好公司，就是股東可以什麼都不懂，只要專心生活、
持續投資即可。以大俠來說，會將每年領到的股息一半用於生
活，一半繼續投資好公司，我只要懂得繼續維持這道步驟即可。

當然，只有紙本上的純理論篩選機制絕對不夠！大俠認為
要看就看最實際的對帳單。這部分可以到大俠的臉書、IG 來查
看，像是最新的對帳單上面有哪些是大俠長期佈局的 ETF。如
果看完後還有疑惑之處，歡迎在留言處發問，大俠會在線上與
您對談。

CHAPTER

3

請翻開
第 87 頁

3-1 資金佈局：概念篇

$ % ≒

　　本章集合所有資金佈局的相關問題，為什麼要放在 87 頁呢？因為前作把資金控管寫在第 109 頁，加上大俠又很常回覆人說資金控管可參考第 109 頁，久而久之，就被鄉民們調侃：「大俠表示請翻開第 87 頁」[※]。

沒有對帳單，一切都是空談

　　為什麼大俠如此重視資金控管？因為要是學不會資金控管，投資人恐將窮極一生受到國際政治議題、升息降息議題，以及任何市場的風吹草動所影響。一輩子難以享受到「震盪中紀

※ 網路流行語「87」跟台語讀音「白癡（peh-tshi）」相似。但本書僅用於作者自娛自嘲，並無謾罵他人之意。

律佈局，起漲後笑看行情」的爽感，並且永遠只能在市場確立回春、股市暴漲後才急忙追高，一遇震盪又急忙殺出。這樣的話，要何年何月才能享受到財富自由的果實？

大俠舉一個最常見的案例：2021年8月，時逢金融股大漲，當時有些在低檔看衰金融股的網路寫手，跳出來說金融股值得投資。

嗯？兄弟，股票不是這樣投資滴，不是等到基本面轉好、市場環境轉好、大戶早早佈局完畢、股價也給墊高後，才急忙號召大家進場喔！要是真有人聽信號召，跟著投資，資金八成會因為這種低賣高買，提早消耗殆盡了。

要知道投資一間公司，重點在於其經營團隊和背後的股東，是否具備在市場環境不好時，也能化危機為轉機，打出漂亮的營運策略。一間好公司遇上衰事，更能讓長期投資人買進便宜的股數，而非在低檔看衰，回到相對高檔才開始鼓吹買進。

大俠始終認為，股市不是什麼作文比賽的地方，這裡講求真金白銀的實際投資。每次看到那些馬後砲寫手文章，都很好奇他們講話如此顛三倒四，難道自己不覺得尷尬嗎？後來想想，只要人家不覺得尷尬，那尷尬就是別人的事了。

如何辨別一個投資人文章有說服力？答案就是長期追蹤，並且提出長期的對帳單供大家檢視。這樣才能知道其投資的類型、觀點和佈局，是否真的能讓人取得還不錯的平均績效。

資金控管是致勝的絕活

為什麼大俠致力於分享一套可複製的投資方式？甚至長期公開對帳單？因為唯有透過檢視這套機制，才能更加誠實地面對自己，而**誠實面對自己的對帳單，乃是獲利的開始**。

所以大俠才如此堅持，讓自己完全沒有機會開任何時光機、馬後砲。因為從一開始就明白出示，也更能夠呈現出真實投資人當下的心境，從中找出一套有效佈局的方式，讓讀者一起參與長線投資帶來的完整報酬。

總之，大俠最怕跟寫手聊投資了，這些人往往分析了一堆最後不敢下場，簡直跟一群太監聊性生活沒兩樣，正所謂問君能有幾多愁，恰似一群太監上青樓。

如果投資人懂得本章的全數做法，那投資不過就是低檔時像個慈善家一樣，對好公司雪中送炭、以逸待勞，接著便能過上任由股息 Cover 每一天的生活，投資就這樣講完了。

資金控管，意指一種讓投資人能夠安心看待市場震盪的調整法。換句話說，如果投資人：

拿一千元買大盤 ETF 如果沒煩惱，那就買一萬元；

拿一萬元買大盤 ETF 如果不煩惱，那就買十萬元；

拿十萬元買大盤 ETF 如果無煩惱，那就買百萬元。

這只是心法，實作上還要有一套 SOP，才能將好的佈局方式給大家一起複製使用。

本書還有一大塊在講金融股如何估值，但估值只是其中一部分，因為估算價值不難，難在如何佈局。許多投資人老想等到價格最甜美時才肯佈局，但現實離夢想總是有段距離。常見案例是一直等不到自己算的價位，或者好不容易等到了，才買入一點股價又開始噴高。

長期投資、催動複利、不做市場預測

大俠常常面對眾多網友問題，也慢慢帶領大家熟悉資金控管分批佈局之法，學會在自己可以接受的價值區間，不間斷地佈局。

如果操作得當，即可讓投資人做好資金分配、佈局的現金流源源不絕，得以平均買在下跌日，而且一路買到領股息時，又有資金可以繼續佈局。純靠紀律，即可在長年佈局中，打造出長年持有成本均線。這招能幫助投資人在股價低檔、恐慌時多買入，在股價相對高檔時少當冤大頭。

長期投資就是如此輕鬆，不像完全無法預測的短期股價。儘管有些軟體會顯示所謂的合理股價，但只要堅持長期投資，即便是 2020 年 3 月，股市因疫情恐慌而熔斷時也跌不到，甚至有些績優股連十年線都跌不到。殊不知透過長期投資參與除息，重複這個動作就能自動降到合理價了。

有長期在市場的人應該常常看到一件事情——

- 某檔金控 2017 年被判定 22 元為合理價，但當年股價最低在 24 元；
- 某檔金控 2018 年被判定 23 元為合理價，但當年股價最低在 26 元；
- 某檔金控 2019 年被判定 24 元為合理價，但當年股價最低在 28 元……

台幣			✕
日 期	**股 名**	**成交股數**	**淨收付**
02/20	元大台灣50 現買	1,000	-76,520
02/20	元大台灣50 現買	1,000	-76,520
02/20	元大台灣50 現買	1,000	-76,470
02/20	元大台灣50 現買	1,000	-76,470
02/20	元大台灣50 現買	1,000	-76,270
02/20	元大台灣50 現買	1,000	-76,320
淨收付金額　-1,530,400			

　　有發現嗎？堅持合理價，反而一直等不到合理價。大俠在2019年2月，花了150多萬買了76元的元大台灣50（0050）時，有網友覺得我太衝動了，質疑我應該等到股災再買。結果2020年，到了股災真的發生時，最低的67.25元他不敢買，想要等更低，結果一等就反彈了，結果該名網友買在86元，真是開心啊，搞得我都不知道是誰衝動了？

　　上面這張對帳單，是我根據國發會網站的景氣對策信號燈而買進。2019年2月20日當時，因為藍黃燈號為17分，所以花了150多萬元買在76元。

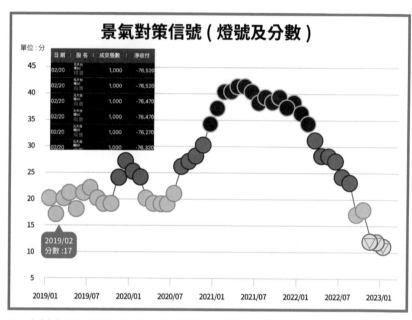

景氣對策信號（燈號及分數）

單位：分

日期	股名	成交股數	淨收付
02/20	元大台灣50 期實	1,000	-76,520
02/20	元大台灣50 期實	1,000	-76,520
02/20	元大台灣50 投實	1,000	-76,470
02/20	元大台灣50 期實	1,000	-76,470
02/20	元大台灣50 期實	1,000	-76,270
02/20	元大台灣50 期實	1,000	-76,320

2019/02
分數：17

2019/01　2019/07　2020/01　2020/07　2021/01　2021/07　2022/01　2022/07　2023/01

※ 資料來源：國發會（國家發展委員會）景氣指標查詢系統網站

　　有朋友私訊詢問景氣對策信號燈的實戰作法，我二話不說直接秀出對帳單。大俠始終認為，做投資分享最基本的，就是出示實質的東西，空有文字理論不僅沒有說服力，也很難讓投資新手當作參考和學習對象。

　　如果只會講一套空泛理論，又不提出任何實際案例，就如同教數學的老師，只對學生唸誦畢氏定理的定義，卻不當面算給學生看一樣。理論誰都能講出一大套，但唯有實戰經驗，才能讓人明白真正的關鍵藏於何處。注意，對帳單最主要的目的

不是拿來誇耀,而是讓理論有參考性,而有參考性才能提升實戰值。

　　無實戰價值的理論,很容易讓人講出一些瞎話,淪為馬後砲時光機。為了避免這種情況發生,建議所有人都要誠實地面對自己的對帳單。

　　有句話大俠常分享:「誠實面對自己的對帳單,才是獲利的開始。」咱們用資金控管來佈局,他非等到恐慌才買,殊不知因此買在更高點,與其這樣不如按部就班用資金佈局的規畫來買呢!

　　不預測市場,而是長期投資,複利催動,才是對我們一般人最好的做法。一直緊盯著什麼合理價昂貴價,很容易讓人賣在看似昂貴的短線。想當年 18 元的第一金也是人人出貨的昂貴價,結果呢?數年之後,合理價居然變成了 23 元。18 元昂貴?23 元叫做合理價?

　　箇中原因就是,很多人太愛看短線了,以至於完全忽略長線報酬。那麼,長線報酬好在哪裡呢?跟僅僅持有一年比起來,長線投資可是將數年或數十年以上的複利再滾入,如果同樣只漲價 10%,整體報酬根本差很多。

十年佈局，換來全息人生

好的資金佈局策略，更能讓人輕鬆用數十年的時間，把資金效率放到一種極致。而歷經了數十年的經濟多空兩頭不間斷的佈局，咱們長期投資人早就能夠享受起全息人生了。

全息人生是什麼？就是食衣住行育樂、教育子女、發紅包給長輩、買車買房買包包，甚至是買股票，全數由資產孳息或者是企業股息幫你一手包辦。

要知道股市震盪每隔幾個月或幾年就會出現恐慌，市場沒有一天是穩定不變的，也要清楚經濟現況一直都是處於極端之中，更要知道許多鬼故事會天天上演，要不然就是週五固定發送的驚喜[※]。

大俠相信有長期在做投資的，早就對充滿恐慌的新聞見怪不怪。但我們長期投資人更應該搞清楚的是，自己到底在賺誰的錢？我們是在賺沒有耐心人的錢，賺容易恐慌且每日擔憂的錢。

▶ ....

※ 週末效應（weekend effect），專指股市於每週開始呈現報酬率顯著偏低，週末則呈現報酬率顯著偏高的現象。（參考教育部重編國語辭典修訂本）

　　容我稍微帶一下羅斯柴爾德家族在英債上，是如何取得莫大財富的故事。

　　十九世紀初，歐洲戰亂頻仍，正當所有人在等待滑鐵盧戰役的結果時，身為英國銀行巨頭的納坦‧羅斯柴爾德（Nathan Mayer Rothschild，1777 ～ 1836 年）利用過人的情報力，大量拋售英國國債，使眾人恐慌跟風拋售，導致國債價格一落千丈。與此同時，納坦‧羅斯柴爾德則一邊默默吸收國債。當國債吸收得差不多時，戰場傳來「英國戰勝」的消息。

　　市場出現不理性超殺時，長年維持紀律者永遠都是賺最多的，跟風者次之，而等股市穩定、經濟走出多頭格局再進場者，看似聰明，但入場時眾人也都知道市場穩定了。所以大俠才常常分享，等到景氣好轉股市創新高時才進來，恐怕早已淪為最後一批抬轎人了。

　　這也是為什麼長期投資人總是一派輕鬆的理由。因為無論市場如何恐慌，堅定者永遠冷靜地按紀律佈局；猶豫者總是慌亂地進進出出，賣 50 買 70，持續抬高成本。

　　大俠花這麼多篇幅，就是希望大家在投資前，先搞清楚自己的獲利屬性，才能在這條路上走得長長久久。

3-2 大道至簡的佈局之法：不定期不定額&定期定額

$ % ≒

大俠先解釋一下「不定期不定額」的定義：

- **不定期**：遵行「**漲看戲、跌買進**」佈局之道理，也就是價格掛在平盤之下的位置。
- **不定額**：因為每次買進的金額，是根據目前手頭上的「剩餘閒錢」除以「剩餘領息交易日」所計算而成，故稱為不定額。

> ■ 【不定期不定額公式】
> 剩餘閒錢 ÷ 剩餘領息交易日
> ＝今日能買進的金額

　　舉例來說，你的剩餘戶頭閒錢或股息只剩 135,000 元，而剩餘領息交易日約 135 天，這樣計算下來，你今日能買進的金額則為 1,000 元。假設某支股票一股可用 25 元買入，那麼你今日總計能買入 40 股。

　　利用上述「不定期不定額」的買法，就能輕鬆做到資金上的控管。

　　大盤如果高漲則買少，遇到連續下殺則應買多。因此，遇到連續上漲時先保留資金，下跌時進場前再依照「不定期不定額」的方式，計算出當日能買進的金額及股數，**讓每次進場的資金都具有浮動性和即時性的規畫**。

　　這個方法同時也能讓資金具備「續戰力」，得以持續買到下次領股息當天，而領息後也能將資金再次買進好資產，來催生出更多複利。輕鬆**達成買股生息**，**從此生生不息**的長期複利報酬。

　　因為每個人的資金大小不一，所以用這招就能算出適合自己的資金佈局量。要知道資金分配的關鍵，一直都是「觀念」而非本金大小，真的不是本金夠大就能做到本多終勝！

假設你握有 2,000 萬元的資金急於重壓進場，但一個控制出錯，照樣可以吃上閉門虧損羹。但假如你只有 20 萬元資金，只要控制得好，照樣可以細水長流，打出自己的一套本多終勝。

本多終勝的關鍵在於資金大小嗎？大俠保證不是，永遠都在於「觀念」。

多檔佈局不定期不定額

多檔資金確實很難分配，也過於複雜。比方說，庫存 10 檔股票，但今天有 7 檔同時下跌，你計算後得知今天可使用的資金有 2,000 元，只是 7 檔除下來會有零碎小數點，加上各檔零股不僅價格不一，連領息日也可能不同，這些情況都會導致你極難分配閒錢做好佈局。

所以大俠採取非常簡單的方式來解決，就是一次專心佈局一檔，佈局到漲，然後再佈局下一檔，如此即可兼顧專注佈局以及分散風險，還能用數年間打造出都是正報酬的庫存。下面就以我的罐罐帳戶來說明。

永豐金 (2890)		明細
庫存現值	庫存股數	參考報酬率
2,126 元	117	▲ 6.67%

元大 MSCI 金融 (0055)		明細
庫存現值	庫存股數	參考報酬率
3,045 元	131	▲ 2.53%

富邦越南 (00885)		明細
庫存現值	庫存股數	參考報酬率
2,064 元	140	▲ 4.40%

富邦未來車 (00895)		明細
庫存現值	庫存股數	參考報酬率
3,054 元	209	▲ 2.52%

統一 FANG+(00757)		明細
庫存現值	庫存股數	參考報酬率
4,052 元	100	▲ 3.87%

FH 富時高息低波 (00731)		明細
庫存現值	庫存股數	參考報酬率
28,954 元	493	▲ 2.09%

元大高股息 (0056)		明細
庫存現值	庫存股數	參考報酬率
3,063 元	107	▲ 3.37%

元大台灣高息低波 (00713)		明細
庫存現值	庫存股數	參考報酬率
3,027 元	75	▲ 2.06%

FH 富時不動產 (00712)		明細
庫存現值	庫存股數	參考報酬率
4,092 元	335	▲ 3.15%

華南金 (2880)		明細
庫存現值	庫存股數	參考報酬率
3,020 元	131	▲ 1.92%

聯詠 (3034)		明細
庫存現值	庫存股數	參考報酬率
786 元	3	▲ 2.61%

中鋼 (2002)		明細
庫存現值	庫存股數	參考報酬率
1,004 元	34	▲ 1.62%

　　上圖中總共有 12 檔佈局，若要一次全部用上不定期不定額手法，會顯得非常複雜。所以大俠會使用變通的辦法，也就是先鎖定這 12 檔中，針對報酬率最少的「**中鋼（2002）**」做不定期不定額，直到它不再是報酬率最差的為止。之後再專注於佈局其他庫存中，當下報酬率最差、漲幅最少的標的。

永豐金 (2890) 明細			**聯詠 (3034)** 明細		
庫存現值	庫存股數	參考報酬率	庫存現值	庫存股數	參考報酬率
2,126 元	117	▲ 6.67%	787 元	3	▲ 2.74%
富邦越南 (00885) 明細			**元大 MSCI金融 (0055)** 明細		
庫存現值	庫存股數	參考報酬率	庫存現值	庫存股數	參考報酬率
2,064 元	140	▲ 4.40%	3,045 元	131	▲ 2.53%
統一 FANG+(00757) 明細			**富邦未來車 (00895)** 明細		
庫存現值	庫存股數	參考報酬率	庫存現值	庫存股數	參考報酬率
4,052 元	100	▲ 3.87%	3,054 元	209	▲ 2.52%
中鋼 (2002) 明細			**華南金 (2880)** 明細		
庫存現值	庫存股數	參考報酬率	庫存現值	庫存股數	參考報酬率
1,004 元	34	▲ 3.61%	3,026 元	131	▲ 2.13%
元大高股息 (0056) 明細			**元大台灣高息低波 (00713)** 明細		
庫存現值	庫存股數	參考報酬率	庫存現值	庫存股數	參考報酬率
3,060 元	107	▲ 3.27%	3,026 元	75	▲ 2.02%
FH 富時不動產 (00712) 明細			**FH富時高息低波 (00731)** 明細		
庫存現值	庫存股數	參考報酬率	庫存現值	庫存股數	參考報酬率
4,096 元	335	▲ 3.25%	28,924 元	493	▲ 1.98%

　　如上圖。當中鋼已經佈局到 3.61％時，大俠決定先止步，改為針對目前帳上漲幅最少的「FH 富時高息低波（00731）」來做佈局。

　　這樣輪流佈局，不就能同時做到分散佈局各個持股了嗎？

或者專注一檔做佈局？只要每次針對當前報酬率最少的股票，進行不定期不定額投資，直到它不再是報酬率最低的時，就換成當天報酬率最低的。輪流操作下來，也比較能用數年的時間佈局出都是上漲的庫存。

零用錢版本的不定期不定額

有位大學生私訊我說：「媽媽每個月一號會固定給我 8 千元的生活費，但因為自己很省，所以每個月都能存下至少 4 千元，希望利用這筆錢長期投資市值型 ETF「元大台灣 50（0050）」，不知道有沒有好的進場方式？」

像這種每個月不太確定能省下多少的情況，就非常適合使用不定期不定額的佈局方式，至於週期就以**距離月底的天數**來計算即可。也就是說，分子放目前剩餘的零用錢，分母則放目前距離月底剩下的天數。

假設這位大學生已經存了兩個月的零用錢，目前手上有 8 千元，並打算從 2022 年 9 月 1 日開始買進，那麼距離月底還有 21 個交易日（記得扣除沒有開盤的天數），再假設今天適逢元大台灣 50（0050）下跌。此時，就是進場執行不定期不定額計畫的好時機，將剩餘閒錢 8 千元除以 21 日＝有 380 元左右可買零股。

若依照 2022 年 9 月 1 日當天的收盤價來看，元大台灣 50（0050）每股約 115 元，等於你可用 380 元買進約 3 股。

假設接下來幾天元大台灣 50（0050）持續上漲，那就不要動作、靜觀其變，**直到下跌那天**再重新計算當天距離月底的剩餘天數，接著用手邊剩餘閒錢相除，來算出當天可購買的資金。這麼做可以彈性平衡生活資金，確保手邊有足夠的閒錢直到月底最後一天，正好把閒錢用得差不多，而隔天（月初）又有新的一筆資金入帳。

用這種方式進場，不僅能做好資金控管，也能提高閒錢資金的效率，這就是不定期不定額的核心價值。

雖然一開始能買進的股數不多，但是一旦養成不定期不定額的資金控管習慣，堅持個二十年以上的累積，對於坡道很長、可以滾很久雪球的年輕學子們來說，將會是非常有利且相當可觀的報酬。

而且也因為有良好的配置，除了資金能跟著大盤市場一起成長，同時也能將專注力放在求學、工作和生活上，讓自己的人生邁向正循環。

至於手續費會不會是個負擔？可在下一節找到答案。

定期定額，上班族也能錢滾錢

不少人詢問大俠：「平時上班沒空看盤，有沒有比不定期不定額更適合我的進場方式？」

有，那就是定期定額。

以我自己為例，就將前年拿到約 83 萬元的股息，以及當時的手邊閒錢，加起來約有 180 萬元，這筆資金讓我可以安心地長期投入股市。而假設我想利用證券商提供的定期定額服務，並設定每月有三次的進場時機，分別是 6 日、16 日以及 26 日。每月三次、一年有十二個月，等於每年會做 36 次申購進場。

所以將 180 萬元除以 36，等於每次申購金額為 50,000 元。

如此一來，資金的調度設計就完成了。接著，只要每年在領到股息前，再次檢查每筆申購金額有沒有需要調整即可。如果不需要調整，那就繼續安心睡覺啦。

定期定額不只能做到存股，也能做到波段價差，這部分大

俠會在下一章用對帳單來教投資人，如何靠不看盤的定期定額手法，也能拿到股息、賺到價差的佈局計畫。

長期投資只要做好資金分批進場的規畫，就能輕鬆做到不看盤、專心上班的定期定額長期複利計畫。

而且帳戶也能隨時保有可投資一整年的銀彈，不僅能輕易做好資金控管，還可以在每年領到股息後，繼續用股息再進場產生複利，不間斷地保持工作，讓每年能投入金額穩定的輸出。

如此一來，股息、複利和本業的穩定，足以幫你打造出一台無時無刻都在運轉的印鈔機。

本多終勝的方法，僅僅在於資金分批的技巧。不懂得控管資金的人，錢再多也無法使出本多終勝。

投資新鮮人，佈局起手式

如果你是近期才剛加入股票市場的投資新鮮人，那麼大俠要恭喜你，因為在通膨、俄烏戰爭、資金緊縮，股市動能縮減的趨勢之下，更有助於長期投資人在價格收斂的區間，佈局出更多股數。不過，這句話不是在鼓勵新鮮人馬上梭哈重壓，而

是在分享如何跨出「紀律佈局」的第一步。

在正式進場前，有三件事情務必要牢牢記住，分析力再強，沒有這三道紀律也是白搭。

1. 專注本業，努力加薪：增加自己可以投資的資金，人生之所以廉價就是覺得投資自己很貴，所以第一檔該投資的績優股就是自己。
2. 長期佈局，閒錢投資：佈局務必要有數十年以上的打算，要是無法確定自己能將資金佈局某間公司或某檔 ETF，並有紀律地維持數十年以上，那可千萬不要強迫自己進場。
3. 股市震盪，紀律佈局：不管市場有多少風雨，仍然堅定按照紀律持續佈局，期待長期性的市場報酬。

謹記這三項紀律後，接著來尋找標的佈局，但大俠建議剛進場的投資人不妨先從 ETF 開始。至於如何選，請參考**第二章〈如何選股〉**，利用該章提到的工具，選出一檔從成立日至今，年化報酬率和總報酬率都不輸給同期大盤的 ETF 即可。當然投資人也能用相同方式，篩選出其他同期且報酬不輸給大盤的 ETF。

選出來後就可以開始著手佈局了。

每月先從定期定額 1 千元開始，並設定每月 1 日扣款，就算一開始帳上稍微有未實現損益虧損，也千萬不要慌張持續按照紀律來佈局。即使第二、第三個月，甚至連續數月後帳上還是負報酬也要維持紀律。

直到帳面上開始產生正報酬 2%，下個月起的定期定額就增加到 2 千元。

如果下個月帳上從正報酬轉為負報酬也別慌，依然持續紀律，直到帳上開始出現正報酬 2% 以上，再將定期定額升級成 3 千元。

等到帳上出現正報酬 2% 後，再將定期定額增加為 4 千元，依此類推……。

用小錢和紀律，打造財富加速器

以上這套方式，有助於新手從 1 千元開始累積市場震盪的佈局經驗，訓練出不會對帳上未實現損益（暫時虧損）而擔心的長期投資心態。並且從 1 千元逐漸增加佈局金額，累積出長年的帳上報酬，按部就班完成一道道的微笑佈局曲線。

當然，要選擇正報酬2％或5％以上，甚或增加每月定期定額量，這個就由自己判斷了。此外，增加定期定額前，也要評估自身運用每月閒錢的能力，千萬不能太過勉強，畢竟唯有用自己覺得能舒服佈局的閒錢，紀律才能持久。

在震盪中的佈局經驗，也能讓投資新鮮人知道，財富在空頭時更容易累積。空頭就是在考驗大家的佈局能力，只要把能佈局的現金流，調整成源源不絕的型態，那麼空頭震盪就會成為投資人的財富加速器。

再次強調，投資新鮮人專注上班、努力加薪就好，切忌妄想在盤中忙碌而忘了本業，投資不用急躁，只需要維持紀律即可。

因為，
長期遵守紀律一年，等於 All in（全部投入）在一年線；
長期遵守紀律五年，等於 All in 在五年線；
長期遵守紀律十年，等於 All in 在十年線。

而且還不用猜測低點在哪，只需要遵守紀律，即可達成。

這個方式還可以在投資人尚未熟悉市場規則前，先透過小資佈局來慢慢熟悉，邊熟悉邊存錢，再逐步加大每月能佈局的

量。千萬不能急，因為如果投資人不熟悉市場慣性就貿然進場，損失的恐怕會比軋空還大，大俠相信這點在數十年以上股票市場中，總是一再上演。

從大盤萬七才開始投資，該怎麼做最好？

只要把紀律維持好，其實根本沒差，請看以下兩個案例：

案例 1 從萬七才開始定期定額佈局到萬三，接著定期定額回到萬七的投資人。

案例 2 從萬三才開始做定期定額到萬七的投資人。

以上兩種人的區間報酬率，是差不多的。但是從萬七定期定額到萬三，再定期定額回到萬七的投資人，其微笑曲線的獲利，可是萬三才開始投資的兩倍！

看下圖就知道。假設每 1 期買 1 萬塊錢，則：

案例 1 買了 10 期，總共 10 萬元，其獲利為
10 萬元 × 13% = 13,000 元

案例 2 買了 5 期，總共 5 萬元，其獲利為
5 萬元 × 13% = 6,500 元

案例1 從萬七開始定期定額到萬三,再到萬七

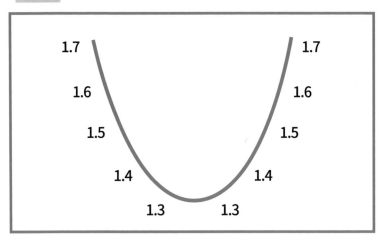

算式:2（1.7 ＋ 1.6 ＋ 1.5 ＋ 1.4 ＋ 1.3）＝ 15 ／ 10 ＝平均 1.5

案例2 從萬三開始定期定額到萬七

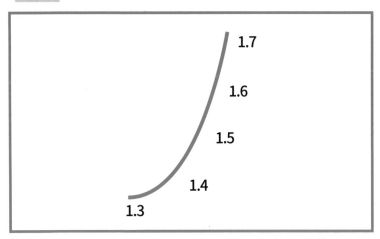

算式:1.7 ＋ 1.6 ＋ 1.5 ＋ 1.4 ＋ 1.3 ＝ 7.5 ／ 5 ＝平均 1.5

假設在每個點位都買下一張，那麼萬七買到萬三、再買回到萬七的張數，會是萬三才開始定期定額的兩倍。所以在區間報酬率幾乎一樣的情況下，即可得知實質報酬相差高達兩倍左右。

因此，大俠才再三分享「萬幾才開始做長期投資根本不是重點！」的觀念，重點在於投資人能不能不管大盤指數，即便碰上萬幾都能維持下去，只要能長期執行，就能利用數年的時間，打造出數年投資人的成本均線。

換句話說，
- 紀律執行五年，投資人的均價成本線就在五年線
- 紀律執行十年，投資人的均價成本線就在十年線
- 紀律執行N年，投資人的均價成本線就在N年線

當你長期投資多年，持有成本已達十年線，甚至是十五年線以上，這時的收穫根本足以讓自己輕鬆度日，並笑看任何恐慌行情了。

言下之意，就是即便你是在景氣循環高點，才進場做定期定額也不要緊。因為景氣循環可見的高點，就是拿來給下次突破用。比方說當前大盤高點萬八，我們利用循環開始往下買，買到下次突破萬八，這樣的報酬將遠遠超過從低點才開始定期

定額的人。

那麼問題來了，為何股市的市值會不斷往上突破創新高？首先，基本面就是企業的創新努力。再來，但凡資本主義國家，沒有領導人會以打趴自家股市為樂，所以當資本市場失去秩序時，會以印鈔救援揪出貪婪行情。等秩序恢復、實體經濟步上軌道時，再關上印鈔水龍頭壓下貪婪躁動，這就是景氣的循環。

漲，讓散戶追，市場收走他們辛苦存下來的錢，讓他們持續提供勞動力。
跌，讓散戶拋籌碼，換成懂的人來承接，所以財商高的人會越來越有錢。

這個世界的錢，總是從沒耐心的人手上流向有耐心的人口袋。等待，是為了機會到來時擁有因應的能量。

同樣道理，如果不通膨不漲價，就沒有人要工作，使經濟走向通縮；如果不震盪不恐慌，散戶就不出場，有錢人無法賺更多錢。只要你能徹底看透景氣循環的道理，就有機會在往後無數震盪中，看穿恐慌、紀律佈局，最終笑看起漲行情。

用領息日作爲一個基準的定期定額

假設領息日平均落在每年九月初，而現在是 10 月 26 日。因為每年領到股息的日期不一定固定在九月的某一天，所以我乾脆設定為九月底，也就是起碼 9 月 30 日那天一定能領到股息吧。

以此為前提，大俠會以 11 月 1 日到隔年 9 月 30 日，大約 341 個定期定額日（11 個月×31 天）為佈局區間，再假設我這時手上約有 40 萬元閒錢。那麼，能用於定期定額的金額為：

400,000 元 ÷ 341 天＝ 1,173 元

亦即，接下來設定每天用 1,173 元買到隔年九月底，也還是有效控制金流。

不過，券商通常提供的日日扣定期定額，最低是從 100 元起跳，所以我會去掉 1,173 元的尾數零錢，設定 1,100 作為日日扣的金額。

如此一來，就達成從 11 月 1 日起到明年 9 月 30 日的 1,100 元的日日扣設定了。同時也能順勢將 40 萬元買出一條年線，而且買到 9 月 30 日股息下來時，又能設定到下一年度要配置多少每期的定期定額量了。

每年設定固定時間，調整定期定額佈局

　　我們假設每年在固定時間調整定期定額的條件，比方說，年尾時查看帳戶還剩下多少閒錢、股息和這段期間的剩餘薪資，然後拿來當作資金，設定明年一整年（十二個月份）的分批佈局，而且期間不做任何更動。

　　明年一整年也產生股息跟剩餘薪資，但先不去理會，直到年底再來檢視帳戶剩下多少閒錢（股息加上這段期間的剩餘薪資），然後用這筆閒錢來設定明年十二月份的分批佈局資金。

　　為什麼用年底當基準呢？因為上述方式如果用在多項個股的話，會顯得相當麻煩。像大俠我自己就長期投資台積電（2330）、元大台灣50（0050）、國泰永續高股息（00878）、兆豐金（2886）、第一金（2892）……等，由於每一檔的領息日可能都不一樣，所以設定起來極為麻煩，故而採取統一設定年底作為定期定額的基準。

　　假設從3月1日開始設定，到年底12月31日，大概有310個定期定額日，如果目前手上有40萬元閒錢，就用40萬元除以310天＝1,290元，去除尾數後選擇用1,200元作為日日扣。

如果有 5 檔標的要做定期定額，則每一檔為 1,200÷5＝240 元。只是我的券商沒有提供零錢的定期定額，所以改將每檔設定為整數 200 元。

　　這也是目前定期定額服務的難處，亦即最小單位金額，可能會使具連續性的資金閒置用不完，這點能否改變就要看未來各券商的政策走向了。

　　所以根據上述條件，設定五檔各做日日扣 200 元到年底定期定額量，是非常妥當的資金分配。

　　當然，到了年底會留下一些每次扣款未扣完的資金、薪資閒錢和 5 檔標的所配發之股息……這些都能在年底十二月，劃入下一年度的資金分配計畫中。

　　有發現嗎？長期投資根本非常輕鬆，一年只要設定一次計畫，在年底時看看是否需要調整即可，如果中途想要加入新標的，也可以隨時進行分配再設定。

疑股不存，存股不疑

　　若是想要刪除某檔標的？大俠我是沒有改來改去的習慣，一旦設定好要做某檔的定期定額，我就會思考這將是數十年以上，甚至是長達一生的佈局。不會因為某檔股票或 ETF 一時跌

很深，就停掉定期定額。這種作法等同於以人為方式來干預投資，所以大俠常講「疑股不存，存股不疑」。

但這邊要特別聲明一件事情，雖然我不會隨意改動定期定額，但庫存中佈局的定期定額股票會做計畫性的調節。例如，定期定額的報酬累積到可以買房地產時，我就會做資產換資產的動作，了結股票部位的部分報酬去買下一間房。

關於存股，不代表要一直存著不賣，而是存到目標報酬時，拿去換等值商品。舉例來說，我們小時候想買球鞋、電動都要先存錢，存到了才能去買。存股也一樣，更進一步來說，存股、價差、波段、當沖，都只是佈局週期而已，投資到後面已融為一體並無分別。

像是當沖，我們可以隔年沖，如果這檔績優股長期表現良好，就改成數十年沖或隔代沖。那存股領股息呢？如果這檔股票還沒漲足讓我賺夠，在佈局過程中就是領股息。如果漲足的話呢？大俠或許會調節去買資產，若懶得賣乾脆擺著當印鈔機都不錯。一切都取決於投資人自己的投資計畫。

新車、新大房，還有日常生活，可以通通靠股息支出，也可以Cover家人的每一天，能做到這種程度，才稱得上全息人生。

116

我也不是空口說白話，常常追蹤大俠的網友，都可以從大俠的每日言行、對帳單、股息單、繳稅單上的股息紀錄，以及年度報酬結算中得到證實。而大俠都會將這些即時訊息公開在方格子部落格、臉書和 Instagram 上，歡迎大家檢視。

定期定額＆不定期不定額會拉高均價？

「大俠，你的不定期不定額策略在多頭時，不會把價位持續買高嗎？如果股價每天都高一點，付出的成本不就越來越高了嗎？」網友問。

但長期投資不就是這樣買嗎？你看台積電（2330）以前 60 幾元後來漲到 100 元，你嫌成本變高不買，結果後來成長到 500 元，這種空手成本才更高呢！再舉幾個例子吧。

- 元大台灣 50（0050）以前 70 幾元、80 幾元、90 幾元、100 幾元、110 幾元、120 幾元、130 幾元……
- 富邦台 50（006208）以前 30 幾元、40 幾元、50 幾元、60 幾元、70 幾元……

假設你選擇在 70 元買進元大台灣 50（0050），後來漲到

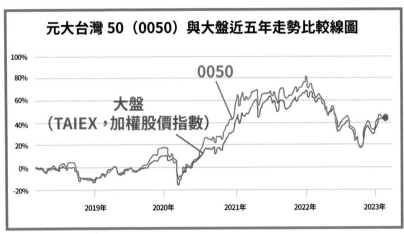

元大台灣50（0050）與大盤近五年走勢比較線圖

※ 資料來源：Google 財經，2023 年 3 月 4 日

80 元覺得太高不買，結果漲到 130 元。你為了省錢，導致剩餘資金沒有跟著大盤一起成長，而錯過了這麼多漲幅，這種省不是真的省。

眼光不要只看到變貴的成本，而是要關注自己的資金有沒有正確參與到市場報酬，以及長期複利。

股市走向即為市場走向，而市場走向就是「資金」加上「群眾心理」的行情；美國聯準會（Fed）則是資金，大家相信會漲就是群眾心理，這兩個因素加起來才會是行情。所以永遠別跟聯準會對著做，因為他們發放資金時會跟股市呈現正相關，而

收錢的時候，基本面再好都會跌。換句話說，投資千萬不能看到漲就狂壓，否則狂歡之後將面臨開燈散場，酒退了身體冷醒。

因此，投資最重要的是謹慎做長線佈局，然後跟著企業們的生產力與價值一起提升。只要理解世界總是不斷循環，景氣好到極致就是衰退的開始即可。

為何這樣說？因為很多數據都在看 YoY（Year on Year，年增率），沒有每年持續成長的市場，偶爾要迎來震盪，才會讓貪婪謹慎。貪婪是人類經濟的原動力，但過於貪婪就是崩壞的開始。

「這是最好的時代，也是最壞的時代。」—— 狄更斯，雙城記。

如果只看壞的一面，會覺得天要塌下來了；但如果轉頭看好的一面，似乎又充滿了機會。

3-3 買在台積電高點不可怕，怕的是沒有資金續航力

$ % ≒

　　要知道做長期投資買在 679 元的台積電（2330）並不可怕，可怕的是投資人重壓梭哈在這個價位後，卻在看到一點震盪又急忙殺出，結果晚上看到美股大漲、市場好消息大放送，隔日早盤又急忙梭哈追進，這種投資法才是可怕！

　　如果投資人有做好資金控管，就算台積電（2330）買在 679 元又遇上台股回檔，還是可以利用連續性的下跌修正區間，進行分批佈局在恐慌中建倉，順勢買出一道道微笑曲線。

　　買在高點可怕嗎？沒有做到資金管理才可怕呢！

做長期投資千萬別太高估自己的操盤實力，試想要是台積電股價這麼好操作，為什麼公司本身還要研發晶片製程，而非按按幾個按鍵，炒作自家股票來獲利呢？

所以大俠永遠還是那句老話「專注本業，閒錢投資」，並且做好資金控管來分批進場。

再好的公司，也要搭配良好的資金控管，才能持有的愉快，也持有的輕鬆。大俠一直鼓勵大家使用定期定額或者不定期不定額來投資，無非是希望新手明白，**無論如何都別太相信自己的操盤實力，維持紀律就是尊重市場未知的風險。**

台積電（2330）在 2021 年 01 月 25 日當時，大俠評估其漲幅略高於當時的基本面，再加上當時準備要啟動停止購債，所以先把前幾年買在 241 元的台積電陸續轉換出去，而轉換依據就是對基本面的判斷（評估依據請參考 5-3〈經濟數據要看哪些？〉及〈14 檔金控總表，計算教學〉）。

台積電（2330）轉出對帳單（2021年1月25日）

現買	兆豐金	1,000	28.65	28,650	11	0	A4835	-28,661	2021/01/22	臺幣
現賣	台積電	7,000	639	4,473,000	1,784	13,419	A4245	4,457,797	2021/01/25	臺幣
現買	兆豐金	1,000	28.75	28,750	11	0	B5622	-28,761	2021/01/26	臺幣
現買	兆豐金	1,000	28.8	28,800	11	0	B4748	-28,811	2021/01/27	臺幣
現買	兆豐金	1,000	28.8	28,800	11	0	B4747	-28,811	2021/01/27	臺幣
現買	兆豐金	1,000	28.8	28,800	11	0	B4743	-28,811	2021/01/27	臺幣
現買	兆豐金	1,000	28.8	28,800	11	0	B4740	-28,811	2021/01/27	臺幣
現買	兆豐金	1,000	28.75	28,750	11	0	B0254	-28,761	2021/01/27	臺幣

　　轉換後，大俠等到台積電（2330）在490元左右時，開始設定定期定額做回補佈局。

　　對台積電來說，什麼叫做量先價行？就是先有資本支出量、人才招募量和擴廠量，價值要先出來最後才是股價。台積電是好公司，但是再好的公司也要搭配良好的資金控管進行分批買入計畫，才是一樁好生意。

　　舉例來說，定期定額的投資法，跟一次梭哈大量重壓在679元的投資法，哪種方案，你比較睡得著？吃得下飯？笑得出來？

　　長期投資，專注本業，定期定額。

Q 「爲什麼不能重壓在底部？」除非你是神

大盤到八千點，高點了，我現金為王。
大盤上達萬二，高點了，我現金為王。
大盤已達萬七，高點了，我現金為王。
回檔到一萬四，低檔了，我梭哈為王。

以上都是真實案例，而且還很常見。大俠在網路上太久了，遇過形形色色的網友，也常追蹤大部分網友是否佈局成功。但95％以上都是遇上低檔不敢買，到了高檔才反省下次應該在低點趕緊重壓的人。

大俠再次強調，針對績優股能買到低點的方法，就是按照紀律買，一定能成功！因為維持這套紀律佈局一年的人，他的持有均線就在一年線；而維持五年的投資人，他的均價就在五年線。維持十年的人呢？他的均價就會落在十年線。

純靠紀律的佈局即可達成，而大俠也不斷與大家分享真實的佈局，盤後不看盤的方式就是如此輕鬆。而**紀律能幫助我們在「恐慌中繼續，歡喜中冷靜」**。

在資本市場務必要學會兩句話：

**如何在低檔時虐待自己的人性，
並且在高漲時澆熄自己的熱情。**

2022 年發生了一件很有趣的事情，大俠有許多朋友說他們等了好幾年，終於等到萬四底部可以重壓了！我聽完整個黑人問號，說八千點是高點，然後萬四是底部？？？

不知道認為萬四是低檔而重壓的人，有沒有想過，自己比當年八千點定期定額分批買好整年的人，買到了更高點呢？

我們99％以上的人都不是神，不可能抓到每一道多空轉折。而我們普通投資人只要知道一件事情：這個世界的多頭就是永無止境。台灣企業每年將營收紅利分給股東，股東因為對市場有信心而再次買入。

如果你之前沒有投資的習慣，或許錯過了多年股市多頭，那麼**投資股市最佳的時機是十年前，其次就是現在！**

要知道指數是被經濟火車頭堆積出來的，在資本主義經濟效率體下的國家高點，恐怕只會攀更高。更何況全世界沒有幾

個國家，會以讓自家經濟歸零為樂，所以別害怕市場，要怕也輪不到我們這種小散戶來擔心。

不過，大俠可沒叫你不顧一切地一次重壓，投資還是建議用數十年都不會動用的閒錢，老實參與市場佐以務實的工作。利用存下的閒錢，有多少用多少，採取定期定額或不定期不定額的方式來投入市場，藉由長期持有來取得完整且豐碩的市場報酬。

投資是數十年以上的事情，千萬別以為自己能重壓在某時刻。畢竟如果還在上班會有持續性的薪資收入；退休了可以領企業紅利生活，也就是不管處於何種狀態，都一定要保有閒錢。除非未來開始走下坡，不然沒有人能一次重壓完這輩子所有的閒錢。

如果是重壓一次，再將拿到的股息持續回買，或是不斷拿剩餘薪資參與市場，都屬於長期的分批佈局計畫。換句話說，投資人永遠要做好長期投資的打算、持續投資，不要只以幾天為單位，而要以數十年為一個單位。

投資幾天逢漲就賣根本賺不了幾毛錢，但投資數十年的漲幅下賺的才是大錢，到時候再決定要保持紀律留下來當生活現

金流印鈔機，亦或調節部分市值轉去別檔企業或房地產？都是非常好的佈局。

總之，先種樹，先養樹。
然後，再種樹，再養樹。

等這個種樹、養樹的迴圈自然生態養成後，屆時投資人只要負責乘涼。

要是市場一點小震盪就怕東怕西的話，還是退出市場永遠不要投資比較好，不然沒幾年精神就異常了，而要避免精神異常，就是提早學會資金控管、紀律佈局。

攤平跟資金控管最大的差別是？

攤平跟資金控管兩者的最大差別在於，前者是亡羊補牢；後者是進場前就做好規畫，分批買進、築底佈局，高檔時隨意看戲宰殺行情。

看起來像是一樣的動作，但心態完全不同。前者擔心愈攤愈平；後者游刃有餘，在執行前就做好計畫。

　　我的回覆是：「資金控管分批進場、長期買進優質公司，以及股息再投入產生複利」。網友接著又問：「選了優質公司或 ETF 後，我該如何做好資金上的規畫呢？」

　　假設你現在有 30 萬元的資金想要進場做長期投資，那麼切記別在短時間內重壓完這筆資金。大俠建議你先將這 30 萬元除以 36 份，再分批進場。

　　「為什麼是 36 份呢？」

　　因為只要有做到分散時間進場，以及分散價位買進，都是一種好的分散風險策略，為每個月規畫一筆可以輕鬆投資的金額，一個月進場三次，一年下單 36 次。

　　大俠的定期定額投資，定在每個月的 6 日、16 日以及 26 日分批買進，每個月進場三次，一年總共有 36 次進場機會。所以將 30 萬元除以 36 份，即可算出每次的平均申購金額（每筆）約為 8,300 元。以這種資金使用量，規畫出自己一年的買進計畫。

　　如果你是從四月開始執行定期定額的計畫，那麼只要隔年三月，再去檢視資金分配上，有沒有需要做調整的地方即可。

　　「為什麼要做調整呢？」

　　因為每年的配息收入、本業薪水，以及當初切分資金後，都會剩下一些餘錢，所以這些餘錢要重新劃入定期定額的帳戶，再根據資金分配計畫除以 36 次，來算出下一年度每期適合的申購金額。如此一來，不僅能讓手頭閒錢找到投資出路，還能將股息生出更強的複利效果。

　　大俠是長期投資者，也擅長資金控管分批進場的規畫。因為深知市場的高低起伏，絕非我們一般小散戶能輕易預測的，所以乾脆不去猜測何時為高低點，而是靠資金控管來應對。以長期持有的角度來說，正是能輕鬆打出微笑曲線的獲利方程式。

長期投資的三要點

1. 資金控管分批進場
2. 長期買進優質公司
3. 股息再投入產生複利

Q 「零股的手續費比整張貴,我想慢慢存到整張再買進,這樣比較省錢」

大俠舉兩個例子,來談零股手續費到底划不划算:

案例1 台積電(2330)在2021年股災時一度跌至272元,那時有位小資族手邊正好有25萬元,但他嫌零股手續費不划算,想再拼一下存到28萬元再買整張。結果等他存到30萬元的時候,台積電(2330)早就衝到500多元了。

案例2 2021年的股災前,有小資族嫌零股手續費不划算,硬要梭哈重壓整張兆豐金(2886)買在33元,結果後來崩盤到26元時,他也沒資金可以做底部加碼了。

以上兩個真實案例,看完後還會覺得零股手續費不划算嗎?大俠認為,投資股市前不先分配好資金,才是真正的不划算呢!

如果你今年是第一次進場想做長期投資,可以把期待放在參加明年的除權息,以下大俠建議三種資金控管的方案:

方案 1 將資金切成 240 份，分日投入；
方案 2 將資金切成　52 份，分週投入；
方案 3 將資金分成　12 份，分月投入。

　　以上三種方案，選一種適合自己的方式來進場，又或者參考不定期不定額的資金控管方式，維持投資紀律，回檔恐慌買進。如此在心態上才能投資輕鬆，否則遲早會面臨高點重壓太多無法承受下跌，最終砍在谷底黯然離場。

寧信股市名嘴，也不效法巴菲特？

　　巴菲特一年的平均報酬率是 22％，有些投資者自稱年報酬率是 88％以上，但為什麼巴菲特的總資產，卻遠遠高於那位自稱厲害的投資者呢？

　　最主要的關鍵就在於時間，巴菲特已經連續投資 75 年以上了。如果依照近年的平均報酬來說，也許巴菲特不是最出色的，但他肯定是長期下來最有錢的投資人。

　　有智慧的投資佈局，絕非追求一次性的高報酬投資。一次性的高報酬往往難以複製，而投資要能長年複製化這點非常重要。萬一找不到能夠重複紀律，並且複製化的投資方式，那投資人永遠別想閉上眼睛睡覺了，因為總會被無數的市場恐慌、

午夜新聞、同事朋友傳來的小道消息而煩得夜不成眠。

想要賺到長線且完整的市場報酬，就是靠著長期重複執行的投資紀律，利用數十年以上逐漸投入股市的資金，待市場一回春，多年累積的複利將會帶來非常可觀的報酬。

巴菲特 845 億美元的淨資產中，有 815 億美元，是在他過了 65 歲生日才得到，這就是長期的累積。請試想看看：投資一年就漲，跟佈局多年靜待市場多頭起漲，何者的實質報酬最多？答案應該很明顯了吧。

「在別人恐懼時我貪婪」其實也是一種「漲看戲，跌買進」，股市要能長期參與報酬，還真的需要違反人性。趁法人看壞的低點，去收走他人把握不住的籌碼，然後多搭配基本面的計算價值區間，以及良好的資金控管計畫，必能幫助投資人賺取長線可靠的稅後收益。

Q 「根據論文和過去數據顯示，單筆投入有較佳的投資績效」

　　其實蠻多網友問過我這個問題。為何大俠不推崇單筆投入，反倒建議投資新手分批買進？這樣損失的機會成本不是更大嗎？

　　大俠要不斷強調，全世界哪有人能夠一次投入資金？

　　全世界哪有老闆或客戶，願意一次性預支我們數十年以上的薪水甚至是經費？全世界有哪間企業會預支給投資人數十年以上的股息？有的話請務必告訴我。也許你會說可以用借貸啊！這樣不就能一次拿出一大筆錢？但問題也一樣，只要你正處於事業上升期，身價不斷攀升，在信用良好的情況下，能借貸的金額也是水漲船高，故無法在十年前借貸到銀行十年後會給你的信用額度。

　　像我們這種普通的長期投資人，都是拿每月剩餘薪水、股息等閒錢，才能投入市場，而且還是每月、每次用剩的來分批投入，所以策略上當然要以務實為前提來著手佈局。

　　那些鼓吹一次性投入的網紅，恐怕是不太了解平民式的投

資。股息要慢慢領、慢慢投入，來讓時間產生複利。看來理論數據表格派跟實戰派之間，還是存在很大的差別。

這也是大俠認為一定要有親身的投資經驗，才能把實戰上會遇到的問題結合理論來幫助他人。並且傳達有一套可行性高，以及可複製化的系統投資觀念，協助投資新手取得市場長期且完整的報酬，讓每個人的財務規畫，罩上極強的免疫力。

長期追蹤大俠文章的投資人，應該有發現我不太習慣用表格來談長期投資，也不太跟人講只要按照這樣做那樣做，就能擁有怎樣的報酬或張數。

因為股市不是數學，股市是人性。**投資人一定要找到一個心法來戰勝人性，找到一個紀律來戰勝行情**。並且隨時牢記專注本業、努力加薪的重要性，因為本業的收入是一種股災時的底氣，投資也會因為本業收入的穩定，更能讓自己在每一次恐慌來襲時，都擁有足夠的資金進場做佈局。

長期投資並且完整獲得市場報酬，靠的是心態、觀念以及格局。

散戶總有太多早知道（aka 馬後砲）

兆豐金（2886）2020 年股災前後 K 線走勢圖

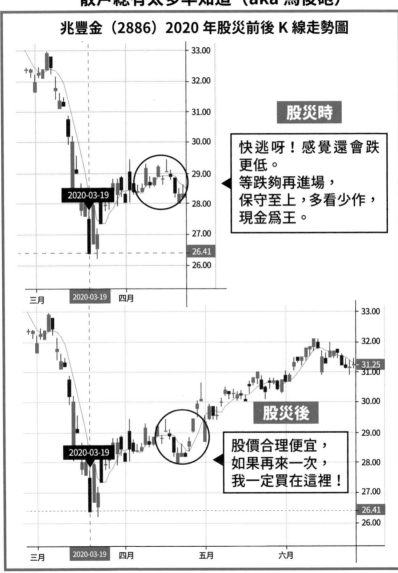

股災時

快逃呀！感覺還會跌
更低。
等跌夠再進場，
保守至上，多看少作，
現金爲王。

股災後

股價合理便宜，
如果再來一次，
我一定買在這裡！

※ 資料來源：參考 TradeView 網站重新繪製。

上頁這兩張圖明明是同一個區間、同一段價位，但事情發生的當下，不同人可能會產生不同的感受。

任何事情從事後來看都很輕鬆簡單，但問題在於當下該怎麼解決。本章盡量列出所有可能的資金佈局方式，而且這些也是大俠一直在用的，再加上實際對帳單作為各項情境的教學案例。

投資的簡單之處，就在於趁恐慌時買一買，
投資的困難之處，也在於趁恐慌時買一買。

其實大俠常說的「漲看戲、跌買進」，執行關鍵在於趁著市場殺低超過價值、大家還反應不過來時，仍然堅持執行紀律做佈局。等大家回過神來了，看到上漲行情，再看看自己因恐慌嚇走的資金，被漲勢軋的亂七八糟時，才連忙全力追高，想當然耳，又導致市場開殺了。

所以嚴守本章的資金控管佈局法，然後儘量把佈局的週期拉長一點，以數十年以上來計算，將更能安穩地看待任何市場震盪、行情變化。

要知道真正有實力使出「本多終勝」招數的，正是散戶們，因為散戶比較沒有結帳跟回補的壓力。

2021 年，當外資拋籌碼輪動類股時，很適合我們散戶趁機低接逢底佈局，利用金控股的股性週期，做出穩妥的安排。只要我們佈局得好，日後回補的壓力自然會回到外資身上。

資金控管的實力夠，就能把外資當成提款機。

因而大俠常說投資權值官股金控，就是玩回檔行情而不是玩他漲，只要底部承接買到外資賣不下去，上漲後可是輕輕鬆鬆笑看行情。

Ｑ 「最近大漲會拉高我的成本，應該要停扣嗎？」大俠用對帳單來回應

每逢上漲，總會有超多的網友詢問：「大俠好，請問我在大約 100 元位置買元大台灣 50（0050）定期定額，但最近的大噴射讓我有點錯亂，這種大漲會不會拉高每個月的定期定額相對成本？我是不是要先停止扣款呢？」

下面是我的回答：「我以前在元大台灣 50（0050）大約 76 元時買了 150 多萬元，有位朋友跟著我一起買，卻在漲到 80 元時決定停扣，因為他也怕定期定額扣下去會拉高他的成本。」

結果他一路空手到現在，不知道這樣有看懂嗎？

以下附上我在 76 元左右時買的元大台灣 50（0050）、約 150 多萬元的對帳單。

日期	股名	成交股數	淨收付
02/20	元大台灣50 現賣	1,000	-76,520
02/20	元大台灣50 現賣	1,000	-76,520
02/20	元大台灣50 現賣	1,000	-76,470
02/20	元大台灣50 現賣	1,000	-76,470
02/20	元大台灣50 現賣	1,000	-76,270
02/20	元大台灣50 現賣	1,000	-76,320

淨收付金額 -1,530,400

總收金額 0　　　總付金額 1,530,400

我那位朋友選擇了停扣，但大俠還是不間斷地持續佈局，即便元大台灣 50（0050）漲到了 80 元也還是繼續買，以下附上存摺簿。

5	1070409	ATM存	013246T4		50,000
6	1070409	交割股款	82,376	元大台灣	
7	1070410	交割股款	81,575	元大台灣	
8	1070410	交割股款	81,275	元大台灣	
9	1070412	ATM存	013246T3		40,000
10	1070416	ATM存	013246T2		30,000
11	1070417	ATM存	013246T3		20,000
12	1070420	交割股款	81,475	元大台灣	
13	1070423	ATM存	013246T3		20,000
14	1070424	交割股款	323,499	元大台灣	
15	1070424	交割股款	80,824	元大台灣	
16	1070424	交割股款	80,774	元大台灣	
17	1070424	交割股款	230,213	台積電	
18	1070424	交割股款	230,713	台積電	
19	1070425	交割股款	227,210	台積電	
20	1070425	ATM存	013246T3		80,000
21	1070426	交割股款	227,210	台積電	
22	1070426	交割股款	227,210	台積電	
23	1070427	交割股款	225,208	台積電	
24	1070430	ATM存	013246T3		10,000

　　大俠一下附上對帳單，一下附上股息單、集保 e 存摺，甚至公開真實存摺簿，只為了讓大家明白，整本書都是本人親身的實戰佈局經驗，沒有一絲成分是純理論欠實戰的內容。

　　結果，我那位朋友一路空手到現在，不僅讓空手的資金錯過了資本成長，還錯過了幾次領股息再投入的機會。

　　投資要知道一件事情，買元大台灣 50（0050）卻在超過 76 元後再也不買，乍看之下報酬率確實比持續做定期定額的還高，

但問題在於，當你的思維只停留在報酬率，而沒想到戶頭中不參與市場的資金，可能在這段期間少掉多少機會成本？這恐怕會讓你閒置資金的實質購買力，消失在一場場的通膨洪流中。

■ 投資報酬＝資金使用率 X 報酬率

上面公式要講的是，假設 A、B 兩種策略在相同報酬率的情況下，若 A 策略使用的資金效率比較大，整體報酬將大於 B。說穿了，就是**投資不能只看報酬率來決定成敗，還要看投資人是否持之以恆地投入資金量**。

如果一個人在 76 元時買了元大台灣 50（0050）之後便再也不買，那麼整體的報酬遲早輸給不間斷紀律，定期定額投入的投資人。

問題又來了，投資元大台灣 50（0050）要在什麼時候停利？這個問題太簡單了，就是在投資時先設定好目標。比方說，可以將目標設定為買房頭期款、買車資金或退休股息印鈔機。

換句話說，如果買房頭期款預計要 400 萬元，投資人就在定期定額報酬達成 400 萬元時，了結獲利去買房；或者等定期

定額的報酬加上本金達成 400 萬元時，就調節出來去買房。

如果預計買車需要 150 萬元，就持續定期定額，等報酬達成 150 萬元時了結獲利去買車；或者等報酬加上本金達成 150 萬元時，再調節來買車。

如果希望退休股息印鈔機年領息 100 萬元，就持續定期定額，靜待年領股息達成 100 萬的時候到來，無須技巧純靠紀律即可達成。

要是一直沒達成目標怎麼辦？這問題更簡單啦！那就持續拿閒錢和股息回買佈局，直到目標報酬產生。

Q 「爲什麼不用大盤ＫＤ或布林値來做價差，這樣不是能賺更多？」

2011 年 6 月 7 日這一天，元大台灣 50（0050）只有 62.2 元，要是你看布林通道或 KD 指標（隨機指標）而判斷是高檔並出清離場，如今回頭看會作何感想？

技術指標人人都能看，從短期指標來看，永遠充滿著現在是高點的思維。不信的話可以去找網路上各種社團之言論，年

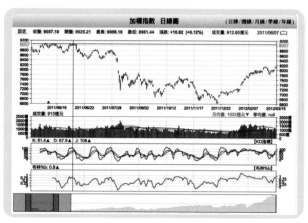

※ 資料來源：Goodinfo! 台灣股市資訊網

年都有人在笑話存股。但這個笑話從六千點講到如今萬點以上了，相信未來超過兩萬點還是會有人繼續講。

使用「定期定額」或「不定期不定額」來分批佈局，並且長期持有獲得完整報酬，不忙進忙出不是很好嗎？而且長期維持紀律五年，投資人的個人成本均價就在五年線，維持十年投資人的個人成本均價就在十年線。

如此簡單即可達成的十年線佈局，有必要去猜高猜低？實在不必把投資玩得跟賭博一樣，也別擔心股市一直高漲不跌，而急忙進場使用失去平衡的資金量。要知道每年總會有很多恐慌事件，讓人得以作區間佈局，所以投資千萬保持平常心，長年維持紀律，肯定比什麼 KD 20、80 更能準確買在長線低成本。

Q 「怎麼帶領人一步一步走向長期投資？」

前陣子大俠教一位長輩朋友如何靠定期定額來投資，我先建議他選擇富邦台50（006208）從日日扣100元開始。並跟他說，帳上只要有500元報酬時就可以賣掉去吃美食。他問說就這樣簡單？我說對。過一陣子他達到了，也開心地拿去吃頓好料。我接著鼓勵他下次帳上出現1000元時，再賣掉拿去換他想要的東西。

透過這種一步一步獲得滿足，又想要更多而不滿足的過程中，逐漸學會忍耐直到目標報酬達成。後來我會在他領到股息時，建議他先不要花，持續回買投入，直到所設定的下階段目標報酬滿足為止。

一連串下來，不用灌輸什麼心靈雞湯，也能讓他享受定期定額參與報酬的好處，同時學會利用股息回買累積複利，學習等待報酬的產生。

因為一開始累積出小錢很簡單，等這位長輩明白後，會開始期待更大的報酬，但更多的報酬需要更多的時間來佈局，像是從原本的數月到數年。用這種實際的方式，便能帶領投資新鮮人，

從短期思維培養出長期投資的心態。

其實投資到最後，什麼股息複利價差波段，都會融合一起再也無分門派。等你經驗累積一久就會知道，一招一式，不必思考從何而來，只知道信手捻來，都能讓自己的鈔票變多。

我目前的庫存中，有些股票是負值，但完全沒關係。因為最初佈局時便有「將資金分配成源源不絕」的型態。所以一年不漲也沒關係，我會拉長佈局年份；明年不漲也沒關係，那就再次佈局。畢竟我的持股不只有這一檔，即使數十年不漲也沒關係，只要還在佈局的階段中，我就持續地買，直到報酬滿足的那一天。

在投資期間持續投入閒錢買入、股息回買，直到報酬滿足。而報酬滿足有多種型態，大一點的目標，例如累積出一定資本利得之後，全數進行了結去買想要的東西，或者換新大房換新車等……，小一點的目標，像是發紅包或逛週年慶。

最終就是以達成年領股息為目標。比方說，對某檔標的設定年領股息 50 萬元，所以在還沒達標之前，願意耐著性子持續投入到滿足為止。

長期佈局下去，數年後便能輕鬆打造出各類股票的報酬印鈔機。

長期投資強調的是持續力

　　如果你在大盤八千點買到理想標的後，沒有繼續買進的持續力，那麼報酬終究會比萬三點仍然持續做定期定額的投資人還差。

　　當年在六千點定期定額的人，被笑說不會等最低點時再買嗎？結果現在回頭看，當年在六千點開始做定期定額的投資人，根本是買在低點。

　　如果你看得太短，會一直覺得老是錯過低點，然後一路等又永遠等不到理想的低點。但只要你肯務實做佈局的話，數十年後回頭看，哪裡有錯過？又錯過了哪裡？

　　所以大俠不斷用各種案例說明，佐以分享實際對帳單。就是為了讓大家明白，資金佈局策略的訣竅就是長期維持紀律，唯有維持紀律，才能讓人在數年後回顧時，發現原來自己早就佈局在低點了。

投資報酬跟認知財商有關

4-1 投資新手小心變韭菜

$ % ≒

　　大俠堅信，在股票市場上能賺錢的關鍵，一直都跟自己是否熟悉股性，以及有沒有做好資金上的控管有關。

　　好比 2020 年 3 月美股熔斷時，華南永昌證券因為權證交易避險不及，該年大虧 47 億元。但若你光看新聞很容易錯過 16、17 元的價格，而台積電（2330）雖然貴為世界之最，卻偏偏有人會買在 679 元，最終砍在 599 元黯然離場。

　　再好的公司若沒有搭配良好的資金控管，貿然重壓進場也會是白搭。比方說國巨（2327）這檔股票再妖，照樣有人可以換成豪宅，但也有人因其虧損把豪宅換成好窄（**編按：可以關鍵字「國巨事件」搜尋相關報導**）。

管理費是重點嗎？

常聽網友說：「某檔 ETF 管理費好貴！成本太高，所以不買。」我心想，要是有一檔 ETF 管理費是零，但績效不僅爛到爆炸且成立到現在帳面上還是負的，你還肯投資嗎？

要是一檔 ETF 的管理費比較高，但績效卻高出其他標的甚多，且報酬扣除管理費還是滿盆的話，難道這不是一樁好的投資嗎？

投資如果只看成本哪個比較低來判斷報酬能力，那台積電豈不是會賺輸給鹹酥雞店？油價漲了，計程車司機能說「喔，油好貴，我要省成本不開了」嗎？天底下有這種道理？

鄉民老是說老闆只出得起香蕉，當然只請得到猴子。不過，鄉民自己在投資時，好不容易發現了獅子，卻只想用香蕉把獅子引來？每天的盤中震盪都不知道是幾年的管理費了，投資人應該著重的是扣除管理費後的年化報酬和總績效。

投資看的是扣掉成本後的總報酬，而非只看成本，倘若績效好，根本可以完美 Cover 掉手續費。

投資新手這樣練功就對了

　　建議新手進場可以先從市值型 ETF 來練功，例如：元大台灣 50（0050）或富邦台 50（006208）。那要練什麼功呢？長期持有資金、控管分批進場的功力，起碼先練好功賺到錢，再撥部分資金去玩投機股。

　　如果連大盤 ETF 都能靠實力賠錢，區區新手有辦法在飆股上玩贏主力或大戶嗎？這是異想天開。

　　投資市場上的賠錢永遠都跟標的無關，往往都是靠自身實力賠錢的。

　　就算今天不買航運或電子，若用同樣的心態投資大盤 ETF 或績優個股，照樣會發生低檔買少、高檔才重壓梭哈，然後稍微回檔便受不了急忙停損的下場。

　　只要心態格局不對，搞不清楚自己要賺短線或長線之前就冒然重壓，自然容易被市場當韭菜割。

　　記住，對於自己不太有把握的行情和標的，可以把進場的週期拉長一點、平均一點。雖然不見得會得到超額的報酬，起

碼也別一下子在不熟悉的情況下梭哈進場重壓，最終肯定也會在搞不清楚的情況下，連內容都沒學到就下課畢業了。

當你練了數年，帳上開始有報酬之後，如果真的想測試自己玩短線賺價差的能力，可以撥部分資金去玩，測試自己短期價差的報酬，是否能勝過同期定期定額的大盤 ETF 報酬。如果短期勝出，也喜歡這種刺激的盯盤生活，不妨逐步調高資金比重，改投短期波段價差市場。

如果這種生活不是自己想要的，或者根本難以打敗長期定期定額大盤的報酬，那就別奢想太多了，專注本業，努力加薪，務實投資大盤 ETF，恐怕是最好的報酬了。

不跟風、不投機，才能賺得多又久

剛進場的新手，很容易因為看到別人賺啥就趕緊跟過去，殊不知別人短期暴賺的背後，可能是賠了好多年、好多錢才有的成果。然而，這種偶爾賺一點就洋洋得意秀出對帳單的人，一旦你向他要長期對帳單，對方往往會用各種理由搪塞過去。

大俠不是在斷言投機型股票賺不了錢，更沒有鼓勵你不去嘗試，因為我也不好意思阻礙下一位賭神的誕生。總之，逐步嘗試無妨，但如果發現自己做不來，就趕緊回歸長期投資，不

要再浪費時間嘗試了。

回想 2019 年時，有位在某論壇的知名網友一直試來試去，試圖抓在最低點進場。結果他在 2020 年 3 月，美國聯準會開啟「無限 QE」[※]前，全數拋售手上持股，然後落得空手眼睜睜望著台股從八千點漲到萬六，最後受不了在萬八高檔，全數梭哈在航海系列，還很得意長榮（2603）買在 170 元，最後讓一輩子的數千萬薪資存款全數腰斬。後來，因為不甘心而想一把拚回來，航海沖完去美股，美股不行趕緊換金控股，短進短出在自己完全不熟悉的個股上，導致資金耗盡，網路上再也沒有他的消息了。

市場總是如此，大戶用了數年佈局，待時機成熟時，利用大量放出多頭市場的利多新聞來勾出人們的貪念，收割散戶雙手奉上的畢生存款。

對於大戶來說，什麼是基本面？**主力老早算好能從散戶身上榨出多少油水，這就是主力的基本面。**

▶ ···

※ 無限 QE：無限量化寬鬆（Quantitative Easing）政策。美國聯準會為了降低新冠肺炎疫情對全球經濟的衝擊，宣佈無上限量化寬鬆計畫，來刺激企業投資、增加就業機會。

永遠記住投資報酬率是計算一輩子的，如果你今天找不到一個好方法終生踏實佈局，那麼很有可能在晚年把資金輸個精光。

年輕輸不打緊，至少輸的是剛出社會的底薪，晚年輸？恐怕會把你自己和家人的餘生都賠光了。

要知道非專業操盤手的我們，乖乖上班、穩穩加薪，專注本業、務實投資大盤 ETF，數十年過去你的資產累積，不見得會輸給整天沖來沖去、殺進殺出的投機者。

韭菜是主力養出來的

技術線短線進出、融資槓桿全開重壓當沖能不能讓人發財？能！絕對能！但這手法肯定難以複製讓所有人都能取得報酬。

好比我們不會無聊到去問美國樂透得獎主怎麼簽號碼，我相信把台彩每期中獎號碼拿出來做統計圖表，每個人都能看圖說故事，分析出一大堆數字和曲線走向。

短期價差只適合專業操盤手，對於我們這種專注家庭生活，安居樂業的投資心法來說，實在不太適合。不過，炒短線就不能安居樂業了嗎？

大俠身旁有許多短線高手，真的是炒了一輩子股票還好好活在場上，為什麼？因為這些朋友幾乎都有用不完的本業薪資或源源不絕的房產收租，來支援他們把股市當成遊樂園。

有賺當分紅討喜，沒賺賠光也沒差，因為這只是他們無處花的閒錢，月收租一百萬拿個五十萬來玩，噴光根本小事一樁。

這是貨真價實的閒錢投資，而且又心態穩定呀。但一切前提在於他們有足夠的經濟實力，以及被動收入支援他們玩輸贏。

反觀一般人就要多想想了。如果你前陣子操作的非常順利，賺來的報酬也讓身家翻倍再翻倍，因而自信心大增，認為自己算的基本面等於股價，接著投入非能力所及的槓桿融資，這時可要開始小心了。

因為借來的錢會伴隨著心理壓力，而壓力會導致一個人在關鍵時刻懷疑自己。除非是久經沙場的高手，不然去年才入門的理財新人，真的要多為自己跟家人著想。

主力的收割劇本：讓散戶歡喜中招

要是炒短線股票能輕易讓人身價往上大翻特翻，台積電（2330）就不用辛苦研發奈米製程了，只要傾全公司之力一起

炒股，憑他們的智商肯定是全台灣第一。

想通了就知道為什麼大俠要一直強調「專注本業，居家樂業；長期投資，合理報酬」的重要性了吧？

什麼是基本面？大戶算給你看的。
什麼是籌碼面？大戶做給你看的。
什麼是技術面？大戶畫給你看的。
什麼是消息面？大戶放給你聽的。

等主力佈好局之後，大戶會先讓散戶因嚐到甜頭而自信爆棚，覺得對操作十分有信心，進而大開槓桿融資。

當韭菜融資部位一多，主力會開始逐步上演收割計畫。因為散戶的融資籌碼根本不耐震，收割起來特別容易。

農作物收割季結束後，股價回到相對平靜水位。大戶接著開始找新標的，默默收籌碼，再一次佈局給散戶進來玩。**別忘記，基本面、籌碼面、技術面、消息面，通通是主力給的，韭菜散戶有什麼面？公園吃泡麵。**

從一開始就不存在什麼利多利空新聞，純粹是大戶讓散戶

產生幻覺而已。故事永遠都是從大戶開始說起，引誘散戶幫忙散播罷了。

整個炒股過程宛如一場大型的真實催眠秀，只是在秀場內，看誰能夠保持清醒，跟著大戶一起催眠後來進場的散戶罷了。

每個局，都是高手的局。

要知道 EPS（每股盈餘）好估算，但難就難在合理的本益比。本益比永遠是大戶炒股高手算給你看，線圖也是他們畫給你看，這絕非散戶算得出來的。

偏偏行情到了末端，總是散戶在嘲笑大戶：「下車下得早，行情還在跑。」

4-2 散戶的自保生財之道

$ % ÷

　　如果你是退休人士或暫離職場的投資族群，建議多多考慮 ETF。

　　玩投機股看財報一定準嗎？如果這麼準怎麼每次掏空、內線交易，都是散戶受傷最嚴重呢？大部分散戶總是自認能靠計算財報來預測股價，以為利多翻天股價準備一飛衝天，不僅單壓重壓甚至賭上自己無法承受的資金槓桿，而在曲終人散時嗚呼哀哉。

　　千萬別忘記退休族群投資圖的是什麼？穩穩投資而非曇花一現的獲利。

大戶敢於承受風險投資小型股、成長股，自然能從中大有斬獲，但同樣的風險對於沒有無底資金的散戶，以及追求穩定生活的退休族群來說，則是完全沒有失敗的空間。

很多專門的投資單位分析財報、研究相關類型公司、上下游產鏈，甚至觀察誰是龍頭，他們的各種研究都不一定九成九了，何況一般非專業的小散戶呢？

有時候聽消息看財報投資小型股，千萬別因此認定股價一定會成長，多多少少還是要做資金控制來分散風險。

有些小型股雖然公司營收財報再好，如果籌碼都在散戶手上，股價也不是主力想拉就拉的。因為具有控價權的大戶，一定會先上沖下洗把散戶籌碼凌虐的差不多，才會開始拉抬。

畢竟股市一個買一個賣，如果這樣好康，哪輪得到小散戶買？即使小散戶買了後繼續漲，多半是市場資金充裕，而且後頭有更多前仆後繼的螞蟻雄兵可以收割。

神人的明牌，不一定是你的明牌

很多理財新人一進入股市，總是迷戀追逐某位神人報牌，也從不管神人報出的牌，是不是自己這輩子第一次聽到的小公

司名，還妄想能夠週一重壓梭哈開槓桿，週三賣出倒貨，週五財富自由數錢過日子。

理財新人第一步該學的不只是看財報，而要去看裡面到底有哪些長期持有的籌碼？十大股東是否長期穩定存在？如果連大股東都在陸續撤離，就必須思考所謂的利多真的是利多嗎？

財報這麼好，大戶幹嘛要一直賣給你？還有散戶總是在市場行情跑到末端時，嘲笑大戶下車下得早，行情還在跑。

然而，對小散戶來說，最重要其實是投資自己，專注本業，養成記帳儲蓄的好習慣，然後務實地定期定額投資大盤 ETF，在退休前讓資本利得穩定成長。

千萬記住別去鳥他人跟你講的消息面，因為任何消息面、題材面的本益比都是靠想像出來的，只是一種未實現的願景利多。要知道車都不一定是二手了，消息肯定傳到兩百手以上都有可能。

股市走到散戶進場、大戶脫手、成交量滾滾海量，最終結果正是本節最前面所講的，永遠是散戶受傷最嚴重。

長期投資人眼中的散戶圖

長期投資者眼中的散戶圖參考如下，其實把投資週期拉長一點，認真工作，穩定投入，其實真的不用管什麼散戶圖不圖的。

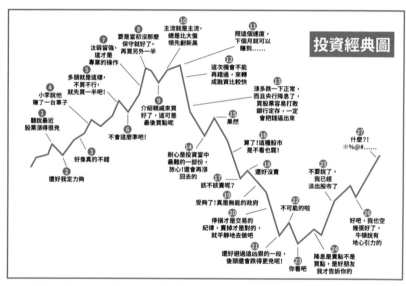

投資經典圖

① 聽說最近股票漲得很兇
② 還好我定力夠
③ 好像真的不錯
④ 小李說他賺了一台車子
⑤ 多頭就是這樣，不買不行，就先買一半吧！
⑥ 不會這麼準吧！
⑦ 汰弱留強，這才是專業的操作
⑧ 要是當初沒那麼保守就好了。再買另外一半
⑨ 介紹親戚來買好了，這可是最後買點呢
⑩ 主流就是主流，總是比大盤領先創新高
⑪ 照這個速度，下個月就可以賺到……
⑫ 這次機會不能再錯過，來轉成融資比較快
⑬ 漲多跌一下正常，而且央行降息了，買股票交易打敗銀行定存，一定會把錢逼出來
⑭ 耐心是投資當中最難的一部份，放心!還會再漲回去的
⑮ 果然
⑯ 算了!這種股市是不是看也罷!
⑰ 該不該賣呢?
⑱ 還好沒賣
⑲ 受夠了!真是無能的政府
⑳ 停損才是交易的紀律，賣掉才是對的，就平靜地去做吧
㉑ 還好避過這凶狠的一段，後頭還會跌得更兇呢!
㉒ 不可能的啦
㉓ 你看吧
㉔ 降息是賣點不是買點，是好朋友我才告訴你的
㉕ 不要說了，我已經淡出股市了
㉖ 好吧，我也空幾張好了，牛頓說有地心引力的
㉗ 什麼?!※%@#……

※ 原始出處不明，僅參考 PTT「Stock」版「散戶常見賠錢原因有哪些」(2020/8/26) 重製。

什麼週冠軍、第幾季度投資擂台冠軍……那種新聞宣傳看看就好，真相很有可能上週或上個季度績效負 50％，但本週或本季度賺了 9％的這種冠軍。

投資不能只看區間績效，而應該計算從你踏進市場到現在的年化報酬率，這樣才不容易失準。所以那種某週績效排名看看就好，有腦有邏輯的人都知道，總資產從開始投資至今提升

多少才是重點，而非只看某一個區間排名。而且這種報酬率還沒計入閒置資金的使用率，不然衝來衝去大賺 15％ 但資金使用率只有 2％ 不到，那也真是白忙一場。

投資最重要的是，固守能力圈做自己懂的投資，並在自己能掌握的投資報酬率下，放大本金效率進入市場，最終才能帶回大把又大把的鈔票。有一條公式如下：

■ 實際獲利金額＝投資報酬率×資金使用效率

這條極簡公式在說，如果投資人不熟悉投資策略，導致資金使用率降低，那麼就算報酬率再高也無用，反之亦然。

投資人不僅應該在乎年化報酬率，更該在乎閒置資金的使用率。如果閒置資金太多，即使報酬率再高也難以拉高整體市值。偏偏市值提升才是投資人最在乎的重點，所以我們要儘可能在這條公式上取得平衡。

什麼平衡？亦即我們的投資標的或策略，要儘量符合長期市場的報酬，不求高風險高暴衝，力求長期、合理、穩定，逐漸放大資金的使用率，減少資金閒置（Idle Funds）的狀況發生。總之，不貪不求快，只求獲得長期且完整合理的市場報酬。

然後，經過幾輪空頭震盪、再多頭回春，你的投資經驗將隨之漸增，而在資產增長的過程中，享有市場給投資人的實質獎勵「市值增加、股息成長、鈔票現金流變多。」

「閱讀這本書的最佳時機是你滿 18 歲（或 13 歲）的時機，以及此後的每一年。」這句話是諾貝爾經濟學獎得主——哈利‧馬可維茲（Harry Markowitz）寫給《投資的奧義》（*The Elements of Investing*）的推薦詞。其本意是在鼓勵人儘早參與投資，早日學習如何佈局累積投資心態，那麼投資人在往後的每一年，都將感謝曾經付出的自己。

📟 EPS 好估，但合理本益比難估

「大俠，某類股目前是否該停損賣出，或是再長期持有一陣子？我看它 Q4 財報應該會很棒呀？長期基本面也不錯，才想做價值投資，但財報明明這麼好，為什麼股價卻快腰斬了？」這是私訊中常見的提問。

我看完往往會馬上找資料檢查**股東結構、大戶結構、長期壽險部位、ETF**，以及**勞退單位**是否有做長期持有，接著再看該公司的**歷年盈利**和**連續發幾年現金股息**，一看完這些便了然於胸了。

首先，**財報基本面跟「短期股價」根本無關**，這是基本觀念！除非今天大戶想炒作，才會把財報拿來說故事並把股價做給你看。換句話說，財報好的時候大戶就會拉一點股價，慢慢好慢慢拉，目的是讓散戶以為財報跟短期股價有關連性，而且最好還寫出公式，讓散戶認定一切都是可以算出來的！

先讓人相信並且嚐到甜頭，就是一道心理戰陷阱！

投資業內有一句話「EPS 好估，但合理本益比難估」，講白了就是想炒股的大戶，會用基本面跟本益比做場大秀，讓散戶相信本益比是用算的。當絕大多數散戶開始認定股價跟本益比有明確的相關公式後，便會前仆後繼的進場推高價格，大戶再從中做個幾波回檔，讓散戶以為拉回就是買，這時有非常大的機率吸引散戶去開資金槓桿來拉抬。

於是，來到最後一波（＝大戶收割）。

永遠別忘記在資本市場上，大戶認為價格是多少就是多少，市場上任何計算都是大戶說了算，說所有標的都是炒作也不為過。就算給散戶在短期內猜十次對十次，也千萬別在最後一次梭哈重壓開槓桿，因為很可能這一次投機就讓你永遠掰掰了。

希望你上完這一課後明白，資本市場的任何標的皆為炒作，基本面再好，沒有大戶在裡頭說故事，股價還是會持續爛給散戶看。

利空利多新聞，往往只是都市傳說

空頭市場時，總是一堆利空新聞報給你聽；在多頭市場時，則是一堆利多新聞報給你聽。但投資人務必思考一件事情，股市的頭到底是多頭市場做出來的呢？還是空頭市場？

發現到了嗎？當股市指數超級美好，一堆人衝進去喊未來不是夢的時候，通常也是經濟最好，準備做頭的時候；當股市最恐慌，一堆人拋售手上持股不敢入場時，通常也是經濟最有疑慮，離谷底不遠的時候。

所以大俠不斷分享，投資千萬不要被周遭美好的消息影響，亂了本身的佈局節奏和投資紀律。

大俠我本身堅持當耍廢股東、只看稅後收益的脫盤者。如果我整天吸收盤中小道消息，而打亂自己的投資節奏，就很難保持平常心做佈局了。

常看到網友說定期定額要選在每月 6 日，因為聽說那天價

格最好最便宜。大俠一概認為這只是都市傳說，要是在每月 6 日定期定額最便宜，所有人都買在這一天買，財富自由多容易！反過來想，如果所有人都在同一天買，請問 6 日還有可能最便宜嗎？用點基本邏輯應該不難判斷。

總之，大俠建議大家專注本業，努力加薪，投資就交給資金控管、定期定額，讓情緒脫離盤中。只要能長線維持紀律，投資績效好的 ETF 或績優股，可以忽略一切短期風雨、小道消息、都市傳說，如此會更容易取得長線的市場報酬。

溢價照樣閉錢 All in

「大俠，今天原本想買大盤 ETF，但溢價 0.08 好高買不下去⋯⋯」

投資 ETF 看溢價，這要看你是短期投機還是長期投資了。短期也許要多多考慮溢價的問題，但長期投資要參考的是成分股，及其長線的績效表現。

當年元大台灣 50（0050）還在 60 元左右時就被人嫌溢價，結果到了 100 元以上了還是被嫌溢價。行文至此，投資人應該懂了，先暢通自己的邏輯，才不會人云亦云被帶風向。

國泰台灣 5G+（00881）存簿對帳單

行次	年月日	摘要	支出	存入	
					承前頁：$5,40!
1	091214	交割股款		518,367	國泰台灣
2	091214	交割股款		8,643	兆豐金
3	091214	交割股款		1,006,901	國泰台灣
4	091214	交割股款		1,525,608	國泰台灣
5	091214	交割股款		1,373,947	國泰台灣

　　市場上常見的現象是，發行價 15 元嫌溢價，到了 16 元嫌溢價、17 元也嫌溢價，不料到了 18 元卻不嫌溢價了。請問你想買的是不嫌溢價的 18 元呢？還是當初嫌棄溢價的 15 元呢？

　　讓大俠用實際對帳單來佐證，上面對帳單是大俠當年在國泰台灣 5G+（00881，上市日期 2020 年 12 月 10 日）甫上市，輿論一片溢價罵聲時做的佈局。存簿上有詳細記載佈局日期和金額。

國泰台灣 5G+（00881），2020 年 12 月 24 日走勢圖

開 14.91　　高 14.91　　低 14.82

收 14.83　　量 137488　　漲跌－ 0.19

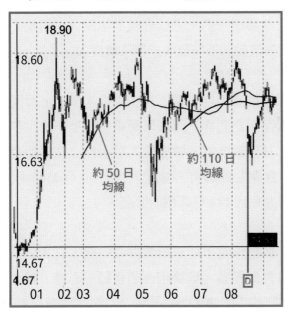

這兩張圖是大俠當年領到分紅時，直接買了 400 多萬當時剛上市，不到 15 元的國泰台灣 5G+（00881）。

「咦，大俠你不是說要用閒錢投資嗎？」網友問。

沒錯啊，我的 5 百萬分紅獎金就是用來投資的閒錢。如果你拿到分紅時，自認心態夠，乾脆一次性投入還不錯的標的，若覺得自己需要緩一些，可以分成半年投入，如果不確定自己能否淡然面對波動，不妨分成一年陸續投入。

所謂閒錢投資，就是當下有多少投入多少，而閒錢多寡則因人而異、因觀念而異、因格局而異。要是一個人在還不具備投資市場的基礎觀念前，冒然投入超過自己控制範圍以外的資金比例，就會發生 2021 年時把元大台灣 50（0050）砍在 80 元，然後一路錯過升到 144 元報酬的悲劇。

閒錢指的是你當下能無所謂投資的錢，有多少投資多少，透過日積月累的經驗，培養相應的格局、心態、觀念，會更精準地抓到自己的「閒錢比例」。

All in 其實也算是定期定額

大俠向來主張閒錢 All in（全部投入），拿每月薪資剩餘閒錢投入，拿每次分紅獎金剩餘閒錢買入，這些都是閒錢 All in。只是用每月薪資閒錢固定買入，以長期來看跟定期定額很像，由於沒有人能在二十年前拿出二十年後的錢，除非老闆肯預支

二十年薪水給你或者是去銀行借錢，所以基本上每個人都得用每月薪資餘款來依序投入市場。

以宏觀角度來看，用當下能支配的閒錢買入，就算是閒錢 All in。在能力範圍內買入負擔得起的績優股或長期績效好的 ETF，即為閒錢投資的關鍵。

這裡講的閒錢 All in 跟定期定額幾乎是同一件事情，因為大俠使用的定期定額資金控管技巧，就是將閒錢在一定區間內 All in 完畢，而 All in 完畢後又會有股息入帳，讓投資人可以繼續定期定額 All in 下去。

其實只要有好好領略閒錢配置的心態，便能拋開一切短期思維，讓投資變得輕鬆起來。若你是長線投資人，難道不覺得與其天天關心溢價，還不如關心自己的紀律能否取得長線報酬這點更為重要？

大俠提醒讀者，優良資產在有效率的經濟體下只會越來越貴。對了，台北房價也溢價三十幾年囉，你說呢？

年化報酬率才是關鍵

常遇到一些讀者，很愛比較哪些高殖利率 ETF 勝過某些個股，但大俠覺得兩者不能單純這樣比較。

殖利率有效的前提是先有漲才算數，比如市值漲 100 萬元後你拿到 25 萬元的股息才叫做實質報酬，要是市值漲 20 萬元股息拿到 25 萬元，代表有 5 萬元左右是拿到自己的本金。因此，投資不能只看殖利率，還要看長期的資本報酬。

「不是看配息高低就好了嗎？為什麼要看績效？」投資股票不是只看配息，而是看績效，讓我來舉例子。

A 股：拿 100 萬元投資，漲到 150 萬元，配息 3 萬元
B 股：拿 100 萬元投資，漲到 120 萬元，配息 7 萬元

請問你要投資那個？只看股息大概會選 B 股，但問題是 A股更能讓投資人的資產成長有效抵抗通膨。或許你會質疑 A 股的股息少，要如何維持退休現金流？

大俠要說，那就不要提早退休離開職場，持續利滾利讓 A股的股息也能 Cover 每日現金流為止。而且屆時不僅能滿足現

金流，連帳上的實質獲利也會越滾越多。

資本利得成長才是加速財務自主的關鍵，想當年大俠在元大台灣50（0050）大約76元上下時買了1.5桶金；台積電（2330）在兩百多元買了19張，並在639元時賣出轉去配息ETF，如：大盤、電動車和半導體等ETF，就是這個道理。

退休前累積資本利得，退休後享受現金流，非常輕鬆的佈局方式。

利空往往是長線投資人的機會

有網友問：「元大金（2885）2022年因成交量縮減導致獲利減少，請問是不是要趕緊出場？」

老實講，如果是用閒錢來慢慢做長線佈局的投資人，會非常開心看到元大金（2885）的利空新聞。會擔心代表你目前的資金控管沒拿捏好，在短期間重壓了大部的資金但心態沒跟上，才會對市場恐慌產生反應而想趕緊出清。

投資時千萬記得，不要一次重壓自己難以預判的行情，除非自己的心態、格局和觀念夠堅定。如果你是那種看到利多飆漲就急忙進場All in，或者稍微利空震盪又慌張殺出場的人，真

的會離財富自由越來越遠。

很多人在股票上賠錢不是因為不會選股，而是資金使用方式不得當。台積電（2330）是不是好股票？是吧？但偏偏有人要在679元時重壓，然後眼睜睜目睹市場回檔砍在370元。試問，虧錢是台積電這間公司有問題？還是投資人自己的資金控管出了問題呢？

如果你去年在元大金（2885）上也可以虧到錢，請明白這是自己的問題，而不是元大金的錯。[※]

明白後，就要開始執行補救計畫。大俠建議趕緊規畫自己每個月能拿出的閒錢比例，直接去跟券商辦理定期定額做固定買進，然後維持紀律買到上漲為止。

做好資金控管的補局，即能參與市場的長線報酬，用閒錢慢慢買，長線佈局，不疾不徐。

※ 元大金的股價在 2022 年 4 月衝上高點到 27.2 元之後，接著一路下殺，尤其是美國 FED 升息後更往下跌，直到年底才逐步回升。

獲利高低永遠跟指數無關

前陣子一打開電視看新聞，最火熱的話題莫過於升息通膨等議題。能源、物價、資產價格不斷攀升，美國聯準會主席鮑爾（Jerome Powell）原先認定通膨只是暫時性的，卻在九月底承認通膨飆升恐怕會比想像持久。

這場新冠肺炎（Covid-19）疫情，著實改變了資本市場的遊戲規則，可用的勞動力減少、供應鏈短缺，製造業與運輸相關的失調瓶頸，在經濟復甦的路上還有許多問題待解決。

所以我們長期投資人更要學習尊重市場，別妄想猜測短期的高低點。因為在資金效率經濟體中，好的資產長線仍看多頭，短期的猜高猜低來獲利。與其如此，不如學習如何長期擁抱好的資產，來獲得完整的市場報酬。

再次強調，投資請使用閒錢。如果一時重壓梭哈，而且拿的不是閒錢來投資，恐怕會面臨被股市收走資金的風險。

如果你拿的是閒到不行的資金，並且有做好資金控管、分散進場、定期定額，以及心態上準備，也將投資的眼光佈局到數十年以上（二、三十甚至四十年以上），那短期的股市再高也不算高。股價高低永遠跟指數無關，而是要看你自己怎麼做。

要計較零股的手續費嗎？

大俠再次強調，零股佈局是小資族最佳幫手。

2021 年 3 月的股災前，有位小資族嫌零股手續費不划算，硬是要梭哈重壓某支股票，整張價位買在 33 元，不料後來崩到每張 26 元時，他再也沒有資金可以繼續做底部加碼。要是當初他用零股分批往下買，股市回春之後肯定能撈走更多便宜的股數。

以上這個血淋淋的真實案例，看完後你還覺得零股手續費不划算嗎？大俠認為，投資股市不好好分配資金，賺了手續費用，卻賠了逢低買進的機會才叫做不划算呢！更何況現在很多券商的手續費都是零股一元起跳，所以重點是用長期投資的收益來 Cover 這種零錢手續費。

只要把喝星巴客的錢省下來，手續費根本不算什麼。但大俠想強調，只要投資人能在資源有限的情況下，透過資金控管達到投資的最佳效益，那麼用投資的報酬，就能大喝特喝星巴克，不用省下咖啡錢了。

不過，大俠偶爾會把原本早上要喝的星巴克，換成零股型態，作為一種消費轉移。這個方式可以把原本要花在口欲上的

錢，先變成股票形式，再用股票股息來喝更多杯咖啡，堪稱一種消費不花本金的概念。

由此可見，大俠是個對本金有潔癖的人。用本金支出會讓我覺得很痛，因為本金要拿來投資，但如果用本金投資有取得報酬，再拿去投資產生股息，這時將股息拿去消費我一點也不痛，反而很開心。

付出勞力賺來的錢是本金，本金不能做額外消費，扣除生活必需開銷後要拿來投資。投資拿到的股息也還不能花用，要持續投入才行。

那麼，這樣的紀律要維持多久呢？維持到資本成長遠大於股息為止。意思就是，除息後的庫存帳上要是正報酬，才代表你的佈局有小成，底部已經累積足夠，讓除息後的剩餘市值不會碰到原始的投入成本價，而且股息要是生活成本的兩倍。

這種方式只要維持紀律 240 日，均價成本就是年線了。換句話說，維持 2400 日，均價成本就在十年線了。投資真的很簡單，達成長期的完整報酬即可，根本毫無花招可言。長期按照紀律投資，投資人遲早會開始懶得算零錢。

散戶交易，大盤看不見

$ % ≒

　　基本上你不用擔心鼓吹長期投資金融股的人，背後目的就是希望一直有人進來把股價買上去。以兆豐金（2886）為例，其散戶股東約有 40 萬人，但在金控股類股中，絕對是散戶占比最少的之一。

　　我們來看實際的數據統計，我根據 2022 年 9 月 8 日的數據統計，將散戶持股小於 400 張的比例，由低到高依序製作成右頁圖表。

　　從表中可知，散戶持股占比最少的前五檔分別是：兆豐金（18.07％）、富邦金（18.10％）、永豐金（19.50％）、國泰金（19.51％）、中信金（19.74％）。

散戶持股 <400 張排名圖

＜400 張排名	名 稱	散戶持股 %
1	兆豐金（2886）	18.07%
2	富邦金（2881）	18.10%
3	永豐金（2890）	19.50%
4	國泰金（2882）	19.51%
5	中信金（2891）	19.74%
6	元大金（2885）	21.18%
7	華南金（2880）	23.85%
8	合庫金（5880）	25.73%
9	第一金（2892）	29.96%
10	玉山金（2884）	31.11%
11	新光金（2888）	36.83%
12	台新金（2887）	37.17%
13	國票金（2890）	43.19%
14	開發金（2883）	45.30%

從實際面來看，單憑台灣散戶的實力即使聚在一起，哪有合力抬高權值金控股股價的本事？更何況權值金控股只要被外資或國家隊主力賣個 3％左右的持股，烏合之眾的散戶會很快受不了賣的賣逃的逃，根本沒有實力來抬轎或穩住籌碼。

再以實戰面來說，排名前 5 檔的價位，假設每個檔位平均張數落在 250 張左右。換言之，光是要拉抬兆豐金（2886）0.05 價位，依照同年 9 月 12 日現價 35.55 元來看，便要花上 8 百多萬元，亦即若想拉抬 0.1 元，需要號召約 1,600 萬元的資金。

所以想靠吸引散戶進場抬轎？恐怕要先吸引好幾億的資金，才有機會抬轎到 1 元以上？有好幾億資金的號召力？直接去玩成交量小的股票就好囉，食品股、生技股都不知道賺幾倍了，才不會去炒作這種吃力不討好的權值股。

如果真的想要玩炒作抬轎，有哪個笨蛋會以長期投資金融股的口號，來吸引散戶進場抬轎呢？

選擇適合自己的標的，然後長期投資

長期投資領股息的方式，不是怕股價跌，反倒比較怕股價漲不停漲幅超過版面。尤其是股息不變但股價持續漲的話，絕對不利於長期投資，因為這會導致股數累積速度變慢。

所以才會藉由一些權值金控股，來談如何做好「**資金控管**」以及實踐「**不定期不定額**」方法，來幫助剛進場的投資新鮮人，不必像無頭蒼蠅般投資，並且幫助大部分還要專注本業，沒有閒暇功夫盯盤的朋友，取得完整的市場報酬。

　　大俠著重的點一直都在方法而非標的，如果你覺得這套策略能安穩做到長期投資，標的也可以自行延伸至長期績效好的市場指數，以及長期基本面有呈現持續上升趨勢的績優股們。

　　選擇適合自己的標的，才是投資股市該學的課題。或許讀者會以為大俠只投資書中提到的某幾檔股票，但其實我只是用少數幾檔股票，來分享長期投資策略，藉此帶入新手必備的觀念，避免因為一次講太多股票股性，搞混許多剛進入市場的投資新鮮人。

　　財富差距永遠在於觀念，財富累積的奧義同樣在於觀念，觀念建立好就有相對應的方法，而方法能讓人持續獲利下去。所以誰說有了觀念之後只能投資一檔股票？有了好觀念、好方法，全世界標的任你挑選。

　　如果投資人沒有先建立好投資觀念，就算給你全世界的投資標的，最後的下場也是全世界到處輸，早上開盤輸在台股，晚上開盤輸在美股，假日再輸給比特幣。

靈活投資，而非執著於資產持有比例

以下切分成四大塊的圓形圖上沒有表記任何％數，為什麼？關於資產持有比例這個議題，大俠想透過一個例子來講實戰面。

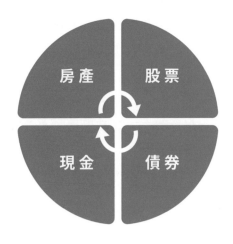

大俠曾在一場直播上遇到位講者，他說自己的資產配置是房產70％、現金30％。我好奇詢問，這個配置比例是固定的嗎？他回說對。於是我繼續提問，假設房產700萬元、現金300萬元，如果房產漲到1,000萬元，那現金只有300萬元怎麼辦？是要賣掉三房兩廳其中一個房間或廁所來維持比重嗎？但問題是不能這樣賣啊。

講者聽完吱吱嗚嗚，我也沒繼續追問下去了。因為從一兩句對談中，大概能知道對方是純投影片寫手還是實戰者。

為什麼大俠在實戰面的這四大塊沒標示比重？因為市場是靈活的，如果硬要維持字面上的比重，很有可能會失去尊重市場的意味。

比方說 2021 年，當時元大金（2885）受惠於市場交易熱絡股價上漲，但大俠選在第三季左右陸續出清，拿去換成桃園高鐵附近房產。因為從基本面可以看出市場準備要收錢，勢必會稍微影響到元大金的報酬。正巧那時有一間預售屋剛開案，老婆很喜歡，所以大俠索性先調節庫存中的元大金拿去換了房產。

這就是機動型調節。大俠做調節時一定會有明確的目標，例如買房、買車、換股等等，目標必須明確才行，絕對不會賣掉換成現金後就放著不動。

即便是換成現金放在庫存，也是因為預期市場可能出現震盪，而且有理有據（參考第五章〈經濟數據要看哪些？〉）才會做變動，不會為了固守資產比重配置，而硬性規定自己做調解。

投資要靈活，不要被文字遊戲牢牢綁住。

股息買房？可行嗎？

　　從大俠開設臉書專頁起，便收到非常多訊息，詢問靠股息買房的可能性？因為我的確是靠股市報酬買房，也在專頁貼上完整對帳單，分享自己調節了哪些金控股，如何把數年累積的報酬拿去換房產，所以有不少網友也紛紛列出他們的計畫。

　　然而，我常看到一些很扯的內容，如：「大俠，我能拿下個月要繳的房貸今天進股市操盤，下個月大賺一把，得到可以連繳數月房貸的獲利嗎？」或者「三年佈局的話，是否有希望累積出翻倍的報酬來買更多？」

　　老實說，大俠自己在佈局時，根本從未設定過時間目標，只有設定目標報酬。比方說，我想買一間頭期款五百萬元的房產，這時就會將五百萬設定為目標報酬，至於何時可以達成？我不知道也不會去設定。

　　當然，我能透過表格去推論大概何時可以達成，卻不願意這樣做。因為表格是表格、實戰是實戰，任何人只要有久戰沙場並實際取得報酬的經驗，必定能理解那根本是兩回事。

　　所以大俠唯一做的，就是花時間規畫出如何用「無限期」的資金閒錢，做為安排佈局的一套準則。

　　什麼是「無限期」資金？亦即，我不會為了某件需要付款的事情，而強迫抽回資金、中斷我的投資計畫。

　　只要規畫出一筆無限期的閒錢和找對標的，就可以開始執行佈局了。佈局的方式非常簡單，純靠 87 頁的資金佈局策略即可。利用每個月閒錢和股息，持續佈局市場，中間我們只要等待目標報酬獲得滿足，即可進行結算拿去換成想要的資產。

　　舉例來說，我的目標報酬是頭期款五百萬的房產，這時我會持續執行佈局計畫，直到庫存報酬出現五百萬為止，然後了結獲利拿去買房。

　　所以要花多少時間達成呢？大俠不會先做預設立場，因為過多預設立場如同精美卻難以達成的表格。大俠唯一做的只有等待，所以閒錢的重要性和慎選投資標的，就是投資人最重要的規畫。

不妄想靠短期達到目標

　　如果想用超短期佈局獲得可觀的報酬？大俠必須說，這很

難一步登天。建議投資人如果想用股息或股市資本利得來買房，務必做出十年以上的佈局計畫。做不到這一點的話，大俠都當耳邊風聽聽而已。

千萬不要以為股市是張表格，填寫數字、畫個圓形資產分配圖，就能完美達成的計畫。大俠看過多少十年、二十年的存股計畫或投資計畫，但通通在 2020 年 3 月、2022 年 7 月[※]時黯然離場。

那麼，股息買房可不可以？十年存股計畫可不可以？一定可以！但問題在於，你的佈局計畫和心態觀念能不能撐過任何市場震盪？而且要完全屏除人性，遵守數十年間的紀律，所以決定投入前，先好好檢視自己的心態吧。

如果你找不到方向，歡迎常到大俠的臉書、IG、方格子逛逛，大俠也時常在網路上直播導讀，以及用對帳單跟各位討論如何長線佈局。

總之，知道理論後就可以去開戶，一起加入實戰市場。

▶ ....

※2020 年 3 月，美股受全球新冠疫情影響而熔斷。2022 年先是美國通膨指數不斷上升，2 月烏俄戰爭爆發，以及美國聯準會升息等各項因素，導致台股於 7 月時一度開盤破底。

4-4 遇到震盪時，該有的投資心態

$ % ÷

　　長期投資人務必要知道一件事情，股價要是沒有收斂，怎麼累積資產？

　　看到網路上有一堆人，明明還沒累積出足以讓自己退休的現金流資產，就期待天天漲？這叫做虧錢不叫做賺錢。例如：原本打算工作二十年，邊工作邊佈局股市印鈔機的投資人，結果才佈局一年就將全部資金投入在最高點，豈不是讓後面十九年的資金被軋爆？

　　大俠常說，只要是體質好的公司，一旦遇上了衰事或者市場環境問題，就是我們資金控管分批進場加碼的好時機。

長期投資強調的是持續力

1. 定期定額：

同樣的資金能夠在震盪中，撿走更多的股數，所以只要拉長線定期定額，就跟買在低檔沒兩樣。試想當年在台股六千點定期定額的人，即使沒買在當年最低點，如今看來不也有將均價加碼在當年六千點的年均線上？

2. 不定期不定額：

這個方式非常彈性，因為是根據投資人當天能用的閒錢，一路買到領股息的那一天。缺點是需要看盤，如果你已經習慣定期定額分批買進的方式，維持原有紀律就好。

請記住，維持紀律才是最好的加碼方式，而非出於一時開心加碼，導致資金分配策略亂掉。

大俠常常見到一些投資人，本來已經設定好源源不絕的定期定額佈局現金流，偏偏發生任由人性干預紀律的問題，在尚

未真正觸底時將資金全部加碼下去。然後受不了股市繼續震盪下跌，而中斷了定期定額紀律，把原有的虧損股數砍掉，試圖拚一把在低檔一次重壓梭哈，好彌補資金佈局的失誤。結果一錯再錯，因為一直等不到最低點，心有不甘地開始追高殺低，直到後悔莫及才又回歸定期定額策略。

因而大俠總是不厭其煩地分享同一種方式，為何堅持同一招？假如投資人三天兩頭換一個策略，絕對不是因為口袋策略多，純粹是正在用的策略常常讓他賠錢，才要常常更換。

遠離喧囂，堅持穩定投入

但大俠的方式從以前用到現在，不管股市震盪還是眾人狂歡，都能輕鬆讓投資人震盪佈局笑看行情，並穩健帶來市場完整且合理的報酬，更能在完全不看盤的情況下進行佈局。唯有不看盤才能讓人逐漸忘卻市場的情緒，進而達成長線投資人該有的氣定神閒，以逸待勞的心態。

只要投資人的銀彈資源分配得好，又沒有獲利了結的時間壓力，便能輕鬆跟賣超空方打上一場數月的耐力戰，耗到他們開始轉為買方時，就是我們勝利的曙光。

換句話說，趁便宜撿走他人被海浪沖上岸的泳褲。

至於震盪期間，沒事盡量不要參加一大堆無聊群組或社團。因為底部時的雜音總是特別多，如果震盪期間不能靠獨立思考能力來維持紀律，投資人終極一生會在許多雜音中，一再錯過市場的長線完整報酬。

股市只有兩個行情，不是漲就是跌，不是升息就是降息。

如果看好行情，就做多，
如果看壞行情，就做空。

多空兩軍本是一家親，在股票市場上沒有看法，只有做法。
沒有任何實際作為的聲音，大俠都會視為雜音。

當你看到某篇文章寫得非常聳動，但寫作者沒有提出長期實務上的作為，也解釋不清楚為何看出行情，卻沒有實際進場的話，那任何的意見，當參考聽聽就好。

在市場上常見到一些人表示：「我吃的鹽，比你走的路還多」，但還沒開戶。

笑看即可，無需戳破。

該不該去信貸投資？

「大俠，我想要去信貸」、「大俠，我的職業能讓我的信貸利率十分划算」、「大俠，我認為每個月的利息跟本金繳還，不會造成負擔」、「大俠，我認為我能扛得住股災，反正一定會回來。」

當我回問：「你投資過了嗎？」往往會得到「還沒」或者「投資過了但還沒開始賺錢」的答覆。

再次強調，借貸投資不是不行，而是需要經驗的累積。

大俠常分享「**專注本業，閒錢投資**」：專注本業，意指努力增加本金，以及每月源源不絕的薪資現金流，讓自己有底氣面對任何震盪行情；閒錢投資，是指透過佈局經驗，來增加財商提高的資金限額，並把信用借貸變成閒錢的能力。

閒錢的能力，就是你能操作多少資金的能力。
信用的能力，就是你跟銀行用多少利率來借貸多少資金的能力。
財商的能力，就是報酬的利潤能大於多少借貸利率。

■ 套利＝（財商利潤－信用利率）╳ 閒錢能力

　　這個是投資人的套利空間公式，看來簡單又理所當然。但問題在於，借貸後的每一天，都要靠自己的財商來面對。永遠別忘記投資沒有後悔藥，在沒有足夠經驗前，切勿嘗試。

　　一名投資新鮮人，顫顫巍巍地起步做投資，從 1 千元小錢開始佈局，直到產生報酬，才慢慢加大自己能佈局的資金量。而每經過一次循環，又提升了一次佈局的財商，當財商提高，表示操控的資金能力變高，能把資金變成閒錢，並且把槓桿來的資金變成投資的閒錢。

　　大俠認為，財富受限於財商，財商引領財富走。沒有人能賺到超過自己認知以外的金錢，認知高，連槓桿都能成為你的閒錢。

借貸前，先培養佈局能力

　　借貸前，一定要先考慮自己的財商足不足夠。要知道這世界有一百種以上的方式，可以收回與你才智不匹配的金錢，你確定自己準備好了嗎？有辦法面對大回檔嗎？

　　如果都想透徹了，並且懂得一套完整資金佈局方式，能讓自己連年面對市場震盪依然保持穩健報酬，那就可以開始嘗試，從嘗試中累積經驗。

　　借貸投資追根究柢就是讓通膨來替我們還款，換言之「**放空貨幣**」。但前提是，借貸前必須先建立好自己規畫閒錢佈局的能力。

　　市場不是只有通膨，也有通縮的時候，亦即有升息有降息，有景氣繁榮也有景氣衰退，投資人應該在這行情變化中，累積出一套佈局經驗。

　　算好借貸的現金流佈局量，調整成不會被迫抽離市場，並且無期限的資金，便能使出本多終勝的招數。

　　其實散戶才能本多終勝，因為我們沒有結算壓力，所以務必要規畫出沒有結算壓力的閒錢，將更容易輕鬆取得長線的市場報酬，用源源不絕的奶水，喝到長大為止。

　　如果你跟著大俠已經數年以上，便會知道每次在震盪來襲時，大俠總會不停分享如何在震盪中做好資金佈局，以期市場回春時笑看行情。

相信在每場空頭結束、市場回春之後，能讓不少讀者透過恐慌佈局，來達成自我人生目標。這不是心靈雞湯，而是市場循環。

用資金控管掌握市場空頭佈局，乃是小資變大資的關鍵，熟悉市場規則，就更能學會如何使用大錢，共勉之。

不要拘泥於任何名詞

任何策略，不論當沖、波段、價差、配置、長期投資或存股，都有其實戰價值。只要目前運用的策略，能讓自己睡得著覺、吃得下飯、笑得出來，以及不讓家人擔心，那麼都是好策略。

好比「存股」，很多人死咬著名詞不放，認定「存」這個字代表要存到天荒地老，殊不知這只是個選擇。有人覺得將一筆錢放在某檔股票上，年年領取股息是存股；也有人覺得是在資產累積過程中先當存錢，等存夠時再換成別檔股票、房產或任何自己想要的東西。

舉例來說，小時候為了買電動，會開始存獎學金、存壓歲錢、存零用錢，等存到等值的時候，再將存款拿去換成電動玩具或球鞋球衣。

　　所以「存」這個字從最初就不是只有「死存」這條路，也不是永遠不賣才叫做存股。當存股達到你設定的等值時，拿去換成想要的商品或資產，都是非常棒的投資策略。

　　像是賣股置產、調整部分張數去付車款、轉去更好的投資標的以期更多報酬，或者長期持有換取想要的資本利得，用股息來 Cover 人生……，這些方式皆可。

　　存股、長期投資、波段……通通只是名詞而已，也沒有什麼做金融股只能存股的道理，真正關鍵只在於，每個投資者擅長的資金交易週期不盡相同罷了。

　　除息前後做價差買賣？利用外資賣超時進貨，等待一月初再賣？長期持有股息拿去滾複利？這些方式都行，只要投資人想好自己的擅長策略即可。

庫存實質市值 ÷ 投入資金，才是報酬率

　　拿到股息後，大俠不習慣直接將股息當成報酬，或者手動調降成本，而是去檢視目前總持有的實際市值為多少。

意思是說，假設某支股票最初的投資成本為 100 萬元，除息完後的持有參考市值變成 95 萬元，而入手的股息為 5 萬元。那麼，此時的總市值仍是最初的 100 萬元。

再舉一個例子，假設買進的成本均價為 100 萬元，而且拿到股息後股價沒有變動，庫存市值為 95 萬元，入手的股息為 5 萬元。那麼，此時的總金額還是 100 萬元，可以說這樁投資報酬率為 0%，但如果從殖利率角度來看會是 5%。

由此可知，殖利率不會等於報酬率，更進一步來說：

■ **年化殖利率＞年化報酬率：**
  投資人領到的股息，是自己的本金。

■ **年化殖利率＜年化報酬率：**
  投資人拿到的股息，才是實質上的報酬。

我們以下面三個案例來說明，假設除息前市值股價 100 元，然後除息後，投資人拿到股息 5 元，而領到股息當天股價還在 95 元（亦即除息後股價沒有任何變動）。

案例 1 假設買進成本均價在 75 元，而除息前漲到 100 元，等於帳上有 25 元的投資報酬，只因為參加除息領到 5 元，

故帳上報酬變成 20 元，然後實質入手的報酬是 5 元。成本 75 元，帳上未實現損益 20 元，透過參與除息拿到 5 元實質報酬。

案例 2 假設買進成本均價在 100 元，所以拿到股息後的報酬維持在 0%，因為手上股息 5 萬，加上庫存市值 95 萬，故總市值與成本一模一樣，如此一來報酬率當然只是 0%。

案例 3 假設買進成本均價在 130 元，不管你拿到多少股息，負 30 元就是你的投資報酬。

由此看來，只有「案例 1」的投資人，才有真正拿到實質的股息報酬；「案例 2」只拿到本金配息；「案例 3」最慘，不僅拿到的股息是自己本金，投資市值減損不說，還要拿自己的本金去繳交補充保費，如果稅務級距高，繳的稅金恐怕也是一筆錢。

換句話說，報酬的計算方式，是直接看真金白銀持有的市值，而非手動調整的虛擬的數字。不管今天你領到多少股息，**但凡股息加上庫存持有市值低於原始投入成本，就是一樁負報酬的投資。**

市值成長才能讓配息貨眞價實

報酬，就是只看「**實際上擁有多少市值 ÷ 實際上投入的錢**」，真金白銀投入多少錢？真金白銀能拿到多少錢？才是成本與報酬的關係，而非自己手動調整虛擬數字的玩法。

當然，這點就看個人習慣，但大俠仍習慣看實際上真正擁有的資產數字。

「大俠，這樣一來除息領息不就跟原來一樣嗎？」網友問。

其實不一樣，即使除息後到拿到股息回填時的市值都一樣，但唯一不同之處在於，你的股數增加了。用股息回買增加股數，等於增加基礎基底，在公司業績好的情況下，整體市值的成長幅度更是大，而成長幅度加大，也能讓自己的持股整體市值更快提升。

領股息，是讓我們將手上持有股票市值的未實現損益，在不用變賣任何張數的情況下，以領股息的方式拿回股東分紅。

如果你今天買進一檔高股息的股票，但該公司市值沒有長期成長，股息再高但配息配到下市變壁紙的公司，你會視股息為正報酬嗎？我想應該是不會的。

資本利得的重要性

大俠常分享一個觀念：

退休前要累積足夠的資本利得；
退休後才能輕鬆開啟靠投資報酬 Cover 的全息人生。

全息的「息」不單指「股息」，還包含整段投資過程中產生的報酬。其實成熟的投資人都很清楚，投資到最後早就分不清銀行帳戶中哪筆是股息、哪筆是價差所得了。最終只會看到自己所能掌握的投資節奏下，戶頭的數字持續在成長。

什麼名詞解釋、文字遊戲都是其次，最重要的是投資人的佈局，要能讓資本持續成長，然後獲取利得人生。

大俠一再強調資本利得的重要性，要是我們不重視資本利得，哪來的本事能讓我們享受到被投資報酬 Cover 的每一天呢？

當年大俠在元大台灣 50（0050）約 80 元時買了五桶金，台積電（2330）在 240 元左右買了 19 張（直到後來 639 元時調整了最後 7 張），還有買進一些當時被市場低估的被動元件、金融股和其他類股。（參考章末對帳單）

所以資產才得以快速累積，所有方法都有在書中各章節提及，如果有不明之處，可以常到大俠的臉書、IG、方格子、YouTube 直播上提問，大俠會在這些平台上回覆提問。

在投資的過程中，有極簡兩招可以幫助投資人擁有更多的底氣：

原則 1 專注本業，努力加薪
原則 2 雪中送炭，以逸待勞

「專注本業，努力加薪」能讓自己擁有更多本金，去佈局被市場超殺的績優股；而「雪中送炭，以逸待勞」是指投資要像個慈善家，在好公司遇到市場不理性時，不中斷投資紀律，因為大俠會投資某間公司，就是堅信這間公司有處理市場問題的能力（參閱**第二章「如何選股？」**）。

從股息 Cover 每一天到全息人生

大俠在前作《股息 Cover 我每一天》中，先用一檔兆豐金（2886）來說明如何抓到股性區間、投資心態，以及做長期投資獲取股息。但事實上，我個人持有的不只有這一檔，也不是只推薦這一檔。

　　主要原因是大俠認為先用一檔來說明，比較容易傳達完整觀念，講解市場循環景氣多空的情況，幫助讀者在所有情況下，都能作好準備並且有效佈局。

　　不看漲說漲、看跌換推別檔，而是用最單純的方式，分享從山頂風光到谷底蓄勢待發的心得，提出有效可複製化的方法，給大部分非專業操盤手、剛入股市的上班族使用。希望幫助人按部就班，建立踏實的投資心態，以及風險控管的邏輯基礎後，再慢慢往上走。

　　不要一進入股市就妄想瞬間暴富、財富自由，因為投資報酬是算一輩子的，真的要到了蓋棺那一刻，才知道這輩子值不值。

　　所以，投資要以家庭生活至上、專注本業至上、閒錢務實投資至上，讓消費的能力遠遠跟不上投資的能力。

大俠於 2018 年購買元大台灣 50（0050）、台積電（2330）及金融股對帳單

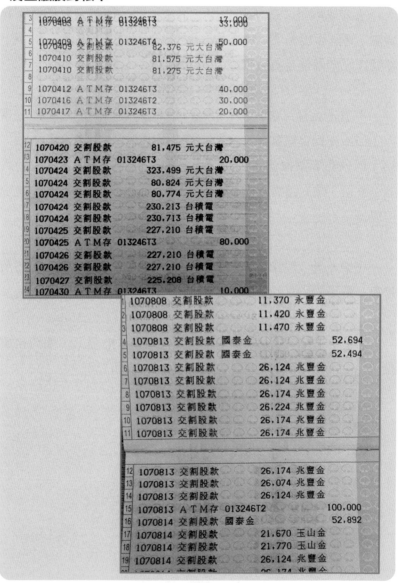

	日期	摘要	帳號	支出	存入	備註
3	1070403	ＡＴＭ存	013246T3		33,000	
4						
5	1070409	交割股款	013246T4	82,376	50,000	元大台灣
6	1070410	交割股款		81,575		元大台灣
7	1070410	交割股款		81,275		元大台灣
8						
9	1070412	ＡＴＭ存	013246T3		40,000	
10	1070416	ＡＴＭ存	013246T2		30,000	
11	1070417	ＡＴＭ存	013246T3		20,000	
12	1070420	交割股款		81,475		元大台灣
13	1070423	ＡＴＭ存	013246T3		20,000	
4	1070424	交割股款		323,499		元大台灣
5	1070424	交割股款		80,824		元大台灣
6	1070424	交割股款		80,774		元大台灣
7	1070424	交割股款		230,213		台積電
8	1070424	交割股款		230,713		台積電
9	1070425	交割股款		227,210		台積電
20	1070425	ＡＴＭ存	013246T3		80,000	
21	1070426	交割股款		227,210		台積電
22	1070426	交割股款		227,210		台積電
23	1070427	交割股款		225,208		台積電
24	1070430	ＡＴＭ存	013246T3		10,000	

	日期	摘要	帳號	支出	存入	備註
1	1070808	交割股款		11,370		永豐金
2	1070808	交割股款		11,420		永豐金
3	1070808	交割股款		11,470		永豐金
4	1070813	交割股款	國泰金		52,694	
5	1070813	交割股款	國泰金		52,494	
6	1070813	交割股款		26,124		兆豐金
7	1070813	交割股款		26,124		兆豐金
8	1070813	交割股款		26,174		兆豐金
9	1070813	交割股款		26,224		兆豐金
10	1070813	交割股款		26,174		兆豐金
11	1070813	交割股款		26,174		兆豐金
12	1070813	交割股款		26,174		兆豐金
13	1070813	交割股款		26,074		兆豐金
14	1070813	交割股款		26,124		兆豐金
15	1070813	ＡＴＭ存	013246T2		100,000	
16	1070814	交割股款	國泰金		52,892	
17	1070814	交割股款		21,670		玉山金
18	1070814	交割股款		21,770		玉山金
19	1070814	交割股款		26,124		兆豐金

1	1070731	交割股款	27,325	兆豐金
2	1070731	交割股款	27,275	兆豐金
3	1070731	交割股款	27,325	兆豐金
4	1070731	交割股款	27,325	兆豐金
5	1070731	交割股款	27,325	兆豐金
6	1070731	交割股款	11,370	永豐金
7	1070731	交割股款	11,420	永豐金
8	1070731	交割股款	11,420	永豐金
9	1070731	交割股款	11,420	永豐金
10	1070731	交割股款	11,420	永豐金
11	1070731	交割股款	11,420	永豐金

12	1070803	交割股款	18,670	合庫金
13	1070803	交割股款	18,620	合庫金
14	1070803	交割股款	18,670	合庫金
15	1070806	交割股款	21,270	玉山金
16	1070806	交割股款	21,320	玉山金
17	1070806	交割股款	21,370	玉山金
18	1070806	交割股款	11,420	永豐金
19	1070806	交割股款	11,470	永豐金
20	1070806	交割股款	11,520	永豐金
21	1070806	交割股款	11,570	永豐金
22	1070806	交割股款	18,570	合庫金
23	1070806	交割股款	18,620	合庫金
24	1070806	交割股款	18,670	合庫金

現賣	兆豐金	1,000	28.65	28,650	11	0	A4835	-28,661	2021/01/22	臺幣
現賣	台積電	7,000	639	4,473,000	1,784	13,419	A4245	4,457,797	2021/01/25	臺幣
現賣	兆豐金	1,000	28.75	28,750	11	0	B5622	-28,761	2021/01/26	臺幣
現賣	兆豐金	1,000	28.8	28,800	11	0	B4748	-28,811	2021/01/27	臺幣
現賣	兆豐金	1,000	28.8	28,800	11	0	B4747	-28,811	2021/01/27	臺幣
現賣	兆豐金	1,000	28.8	28,800	11	0	B4743	-28,811	2021/01/27	臺幣
現賣	兆豐金	1,000	28.8	28,800	11	0	B4740	-28,811	2021/01/27	臺幣
現賣	兆豐金	1,000	28.75	28,750	11	0	B0254	-28,761	2021/01/27	臺幣

全息 GET 大密技──
解決投資路上的疑難雜症

5-1 殖利率大解析

$ % ÷

前面四章中，大俠用了各種案例來說明資金的佈局方法，也附上對帳單作為證明。不過，除了方法之外，也想補充一些實戰上對投資新手有幫助的概念和技巧。故本章除了第一節的殖利率相關問題外，也會在第二、三節，分別說明金融股慣性，以及大俠本人常參考的經濟數據。

現價殖利率

我們在新聞上看到的殖利率，通常是指「**現價殖利率**」，什麼是現價殖利率呢？假設一檔股票今年發 1 元，而目前股價在 20 元，其現價殖利率算式即為：1 元 ÷ 20 元 ＝ 5％。

不過，這個殖利率會受到除息影響。如果某支股票預計今年 7 月除息 1 元，故 7 月之前尚未參加除息時，現價殖利率可認定為 5%，但除息後就不一定了。因為要考慮該公司今年全年的獲利情況，所以不能說今年發 1 元明年肯定也會發 1 元。畢竟很可能由於報酬佳而讓明年股息大於今年；反之，也有可能由於報酬差，導致明年的股息小於今年。因此，我們要多留意另一項數值「預估殖利率」。

預估殖利率

所謂預估殖利率，指的是根據某公司全年營收，來推估明年可能發放的股息，然後，再根據現價買進的股價來判斷當前股價放到明年，可能會得到多少股息的殖利率。

比方說，某檔股票明年會發 2 元股息，但現價才 35 元，代表其預期殖利率有可能是：2 元 ÷35 元＝ 5.71%。

如果這檔股票的長年年均殖利率為 5%，但我們預估殖利率會來到 5.71%，代表現在買進的話，除了有機會得到更多股息外，還能得到更多資本利得。因為從預估殖利率和過往年均殖利率來反推，如果該公司預計明年發放 2 元股息，以及長年年均殖利率為 5% 的情況下，用 2 元除以 5% 之後，該公司股價至

少要 40 元，才符合長年市場認定的殖利率。

換言之，假設某間企業年度獲利營收勝過去年同期，且市場認同其殖利率長年穩健在 5％的情況下，那麼明年配發的股息很可能會變多，而股息變多則資本利得也可能變多，這就是長期投資人的獲利之道。

所以當投資人懂得推算預期股息時，便可趁市場尚未反應前提早佈局，不只拿到股息，更能得到市值成長。

至於如何推斷預期殖利率，會在 5-3〈14 檔金控總表〉中詳細介紹。

年均殖利率

所謂年均殖利率，意指如果當年股息總共發放 3 元，而當年年均股價在 60 元，代表整年度的年均殖利率等於 5％。

市場認同殖利率

上面談到現價殖利率、預期殖利率、年均殖利率，這邊要提一下「市場認同殖利率」。

市場認同殖利率在各家金控各類股票皆不相同，故不能用證券為主體的金控殖利率，來判斷以銀行為主體的金控類股也要有同等的殖利率，兩者不能互相比較，要看各家的市場認同度。

舉例來說，我們會在 5-3〈14 檔金控總表〉中，看到華南金的預期殖利率為 4.76％，元大金的預期殖利率為 5.44％，但不能看到元大金預期殖利率比華南金高，就判斷元大金還有肉。因為以市場近三年的平均殖利率來看，華南金在 4.48％，元大金在 6.20％，所以依照市場殖利率認同度下，即使元大金預期殖利率較高，還是有收斂的機會。

換句話說，以近三年的年均殖利率來看，預期殖利率 4.48％的華南金，收斂機會將比預期殖利率 6.20％的元大金還低。

個人持有成本殖利率

長期投資人看的是「個人持有成本殖利率」。新聞講的填息，是參考「除息前一天的價格」；長期投資人講的填息，是參考「個人買進的價格」。

所以弄清楚長期持有者的個人式的填息，以及個人持有成本殖利率，就會懶得常常買進賣出跑來跑去了。

假設今年股息只發 2 元：

買在 30 元，個人持有成本殖利率 = 2÷30 = 6.66％

買在 28 元，個人持有成本殖利率 = 2÷28 = 7.14％

買在 25 元，個人持有成本殖利率 = 2÷25 = 8.00％

有留意到一件事情嗎？倘若投資人買進現價殖利率只有 5％的股票，很有可能因為持有這檔長期成長的公司，使自己的持有成本殖利率持續上升。

比方說，你當初用 25 元購入某金控股，而當年只發 1 元股息，故買進當下的殖利率為 4％。不過，若投資人持續持有，該公司也持續成長，幾年後發放 1.5 元股息，同時投資人也有持續穩定加碼，那麼個人成本就算來到 28 塊錢，個人持有成本殖利率也會從 4％成長到 5.35％。

看到了嗎？長期佈局持續成長的公司，不僅僅是股息，個人持有成本殖利率也會上升。所以不要只看現價殖利率 4％就否定某公司的表現，只要長期持有、經營績優，多年後成長到 6％甚至 9％以上都不意外。

更何況，持續定期定額或不定期不定額，也會讓自己的均價維持在 N 年線。換言之，如果持續佈局五年，投資人成本均

價就在五年線。這也是為什麼金融股不斷上漲的現在，大俠依然持續佈局的理由，因為**長期佈局下來，早就讓成本鈍化了**。

如果做長期投資但短期卻沒填息？那也沒關係，反倒可以利用沒填息的區間累積更多股數。如果快速填息？那投資人笑看行情即可。只要提前做好針對填息或貼息兩套行情的備案，就能用上述兩種心態來面對所有的市場走勢。

長期投資人之所以能練就雲淡風輕的本事，是因為早就推演好無數劇本，並且做好佈局數十年甚至一生的打算。對長期投資人來說，股價短期暴漲反到是個困擾，這樣就得找新目標來做佈局。

所以還不如趁績優企業落難時，像慈善家般做出雪中送炭的投資行為，透過時間和紀律的累積，以逸待勞的等待複利股息威力逐步呈現。利用長期持有把成本殖利率打造的越來越可口，心態也容易因為長期佈局績優股而越來越踏實，以簡馭繁的佈局數十年後再一次漲，賺的錢才叫做兇狠。

📊 「個人持有成本殖利率」是指買進成本，而非自己手動調降成本

下面來開個數學小教室吧！釐清很多股友都有的疑問：「拿到股息後，該不該手動調整庫存成本？」

我們先假設在股價沒波動的情況下，用大約 30 元購買 100 張兆豐金（2886），總股數為 100,000，每股除息為 1.5 元。

隨著參與除息，你的持股市值從原本的 300 萬元變成 285 萬元，拿到股息 15 萬元（此處暫不考慮任何相關成本和除息後的股價波動，否則計算過程會複雜化），股數仍維持 100,000。因此，投資人原本的 300 萬元市值兆豐金，變成 285 萬元持股市值跟 15 萬元股息，所以總資產還是一樣，完全沒變。

這時，如果投資人把 15 萬元股息投入兆豐金（也可以投入別檔，但此處單指投回相同公司，簡化計算過程），那麼原有的股票市值就會變成 300 萬元，股息 0 元。等於你此時的股數因為用了股息回買而增加，但此時的成本是多少？還是 300 萬元。

「為什麼成本還在 300 萬元？不是已經拿到股息了嗎？」

因為你把領到的股息投入市場，把機會成本放回市場，成本當然會回來。此時如果你把領到的股息拿來花用，也只是花自己的錢，除非該公司的成長股息增加市值，增加超越你投入的成本。例如，從 300 萬元成長到 315 萬元，這時你拿到的 15 萬元股息才是投資報酬。

公司業績上升每股市值成長，
你的股息才是真股息

也就是說，領到股息後再把股息投入的過程中，只有股數會增加，而成本還是 300 萬元，且總資產市值也是一樣的，所以目前報酬率是多少？0％。因為投入 300 萬元，參加除息總市值還是 300 萬元的話，那報酬率就是 0％。

重點來了，既然成本還是 300 萬元，報酬率參加除息後也是 0％，那投資人的好處到底在哪裡？

好處就在於！如果公司妥善，年度 EPS 持續上升，在穩健的股息配發率下，實質股息金額會增加，而市場認定的殖利率也很穩定的前提下，持股人的市值也會增加。

言下之意，假設每年的股息配發率穩定維持 80％，而市場認定殖利率在 5％，只要 EPS 提高，股息就有望增加。當股息

增加，市值合理價也容易相對提升。

比方說 EPS 為 1.875，配發率 80％，市場認定殖利率 5％，那麼市場認定價值有機會到 30 元。當 EPS 為 2.07，配發率 80％，市場認定殖利率 5％，市場認定價值則有機會到 33 元。換句話說，當 EPS 持續上升，市場認定合理價也有機會提升。

我們假設目前的合理價從 30 元升高到 33 元。**如果不回買**，儘管股數仍是原來的 100,000，但 285 萬的市值會升高到 330 萬元，而股息 15 萬元因為沒再做投資所以不會變。計算下來，初始投入成本 300 萬元，目前總市值成長至 345 萬元（330 萬元市值＋ 15 萬元股息），報酬率為 15％。

另一方面，**如果有回買**：股數會從原有的 100,000 增加至 105,263，此處進一步假設拿到股息後，股價在回買當下為 28.5 元。如果這邊要細部討論，又要分成「填息」與「貼息」兩種情況：

- ■ **1. 填息**：拿到股息前快速填息，不見得有利於長期投資人。
- ■ **2. 貼息**：拿到股息時若買到貼息的價格，有利於長期投資人累積股數。

領到股息後，要考慮三件事

我們再回來這個區段的小主題，當股數從原有的 100,000 增加至 105,263，市值從 285 萬元（購入時股價 28.5 元）提升至 347 萬元（目前股價 33 元），初始投入成本 300 萬元，故目前的總市值成長至 347 萬元，報酬率是 15.6％。

由於投資人將股息全數換成股數，股數增加後又因公司經營良好，市場給定的股價上升，進而讓持有市值上升，同時增加了隔年股息的基底數。

關鍵在於，每當我們拿到股息，都要思考這筆資金最終要放到哪裡，預期投資報酬率才有機會增加？此時，要考慮到三件事情：

考量 1 回買：假設該公司業績很好，股息回買能讓投資人的持有市值有望上升，以及明年股息分紅有望增加。

考量 2 拿來 Cover 生活現金流：大俠建議股息一半拿來當現金流，另一半拿來再投資，更能創造出抵抗通膨的印鈔機。

考量 3 買其他間公司：如何觀察價值股，可參閱第二章〈如何選股〉。

大俠常分享，投資首先要考慮資金效率問題，而非修改成本。因為投入就是投入了，沒有降低成本這回事，唯有考慮該挑選哪個項目「再投資」，來持續增加持有人的資產市值是重點。

股息投入有先決條件

　　有人問：「大俠，股息投入一定會是最好的情況嗎？」

　　不一定，如果公司經營不善，那麼你的持有市值下降速度，保證快過任何自己手動調節過的成本。

　　因而大俠時常分享，領到股息或投資不以發股息為主的公司，重點永遠都在於你投入了多少？以及目前的產出總市值是多少？如此便能輕鬆得知報酬率是多少了。

　　要特別注意的是，如果在領到股息前，股價快速填息還持續上漲，此時用同樣的股息回買，股數會減少，這也是為什麼長期投資人不見得喜歡快速填息的理由。

　　當股息拿到手，要考量的永遠都是機會成本的問題。亦即，投資人靠除息制度，不用做任何賣出、減少股數的行為，便能得到帳上部分未實現損益的報酬。而拿到報酬後，投資人接著

必須思考如何處理這筆報酬，直接花掉？再投資？或者消費跟再投資同時進行？這麼做才能更大幅地提升機會成本，以及預期報酬率。

最終產值才是獲利關鍵

前陣子有讀者傳了一則影片給大俠看，影片中大力抨擊成本殖利率是錯誤觀念，因為股息拿到不該降低成本……。哈，我回覆那位讀者：「只要仔細看一下內容，就能清楚知道『成本殖利率』跟『手動調降成本』是兩個截然不同的觀念。」

成本殖利率指的是「**個人持有成本殖利率**」，這點跟「現價殖利率」是有所區分的，兩者概念並不相同。

假設投資人當初以 20 元購入某檔股票，現在發股息 2 元，以這個條件來看，確實是領到 10％的股息。然而，要是股價漲到現價 30 元，但股息還是 2 元，那麼現價殖利率就是 6.6％了。

「如果大俠拿到 2 元股息後回買股票，會不會手動調降庫存成本？」

當然不會啦！原因前面也說得明明白白了，但這裡可以再說一次結論。不管大俠我拿了多少次股息，並且執行回買的動

作，我個人都不會手動調低成本。

因為投入成本明擺著，我只單純看目前這套策略的最終產值，跟當初成本來比較的話報酬率是多少％？報酬率有沒有遠遠大於股息％數？而實際金額有沒有遠遠大於生活開銷？**我只關心實質投資報酬，不關心自行調降成本看開心的事情。**

關於個人填息

由上可知，填息是參考個人買進的價格。假設買在 26 元，目前價格除息後還在 26 元以上，這樣算是完成個人式的填息嗎？其實如果記不得成本是多少，直接回頭看自己的庫存，報酬在除息後的是否紅通通的？如果是，代表早就完成個人式的填息啦。

遇到貼息怎麼辦？

事實上，適當的貼息非常有助於長期投資人的佈局。因為如果在拿到股息之前，股價就上漲或馬上填息的話，代表投資人拿到股息前就被軋空了。

假設投資人擁有某檔股票 100 張，並且在 30 元時參加除息 2 元。那麼，在除息後會出現兩種情況，一是貼息到 26 元，一

是迅速填息回 30 元。

> ■ 股息：200,000 元（＝ 100 張股票╳2 元）
> ■ 貼息到 26 元：股息能買進 7.69 張
> 　填息到 30 元：股息能買進 6.66 張

　　所以長期投資人遇到適當的貼息，反而更容易累積股數。如果這檔股票只是因為市場恐慌被超殺，但並未影響到企業本身的實質獲利，那麼投資人就放寬心來面對貼息問題吧。從以上案例就知道，到底是 2 元股息去買 30 元的填息價格輕鬆？還是拿 2 元股息去買 26 元貼息價格輕鬆？

　　細想過這個問題，你一定會知道做價差的人，與長期投資人之間，從基礎獲利觀念就不一樣了。價差投資人因為資金有時間效率問題，會在報酬達到時出場了結；但長期投資人就是希望持續參與公司的分紅計畫，故而會專注於股息而非股價。

0056 貼息怎麼辦？才好累積便宜股數：

　　「大俠，很多人在罵元大高股息（0056）貼息，你的看法是？」網友問。

「啊～還沒拿到股息之前，你要它這麼快填息幹嘛？」

「什麼意思？」

「想一想，到底用 1.8 元股息買 32.4 元填息價買到的股數比較多，還是用 1.8 元股息買 30.76 元貼息價可以買到比較多？

「30.76 元。」

對啊，你都知道是 30.76 元可以買進比較多股數了，怎麼會抱怨它還不填息呢？你應該是要天天期待元大高股息（0056）一直下跌，等拿到股息回買後，再慢慢填息吧？否則股息的實質購買力，會一直被上漲的股價吃掉。

除息後有適當的貼息空間跟時間，對於長期投資來說是非常好的事情，也能累積更多的股數，所以財富真的是觀念，要學會等待，不要天天看股價。

通常會喊元大高股息（0056）還不貼息的人，大多數只是為了炒短線進來的，對很多人長期投資人來說，沒有貼息這一回事。因為成本在 22 元以下的人，除息當下就立馬完成個人式填息啦！哪來的貼息？

在地現價殖利率

等投資人累積了足夠的退休現金流後,將不會再被工作的地域性綁住,一定要在靠近上班的地點買房或租房,而是可以全台走透透,想到哪就到哪。

大俠之前因為工作因素而住在竹北,後來累積了足夠的退休資本後,開始拿股息全台走透透,一時興起就去南部吃好料的豆花。而一張千元鈔在北部或許只能吃 31 碗豆花,但跑到嘉義卻能吃上可以 52 碗,效益直接增強 1.6 倍。這就是一種空間套利之術,換言之,領北部薪水、在南部 WFH(遠距工作,Work From Home),或是去女生多的科系變帥哥(大誤)。

5-2 金融股慣性

$ % ≒

　　金融股因報酬穩定，對於不少投資新手來說，應該算是很不錯的選項。除了配息穩定，還有一些可參考的慣性，讓有志於長期投資的人可以安心投入。下面大俠整理出金融股的重點時程給大家參考。

金融股的重點時程 & 操作列

1 每月 10 日左右，各家金控月報公布。

2 每年 5 月中、8 月中、11 月中，季報公布。

　　如果想做**金融股短線價差**，可以在 12 月初，針對「1 ～ 11 月年度累計 EPS」勝過去年同期，並且「預期殖利率」大於「近三年年均殖利率」的金控股進行佈局。佈局完就坐等隔年 1 月初公布全年 EPS，然後再依照「預期殖利率」來決定是否要獲利了結。

　　該怎麼推測「合理的價值區間」？1 月初，各家金控公司的 12 月財報會陸續出爐，獲利佳的公司通常會在這個時間點開跑行情。金控有個慣性，就是能用「**年度 EPS、近三年盈餘分配率、近三年年均殖利率**」來推測「**預期殖利率**」，可用「**預期股息**」和「**近三年年均殖利率**」，來反推合理的價值區間範圍大概落至何處。

　　假設：預期股息 1 元，近三年年均殖利率 5％，則「1÷0.05 ＝ 20 元」。也就是說，如果用 20 元以下買，會高於近三年市場的年均殖利率；用 20 元以上買，則低於近三年市場的年均殖利率。

③　隔年 3 月底，第四季季報和年報會一起公布。

　　董事會召開當天，會正式公佈配息的政策。因為此時金控

股三大變數「年度 EPS、盈餘分配率、年均殖利率」已來到當年除息前的末段行情,也備齊去年全年度的 EPS 數字和盈餘分配率,只剩下除息前市場認定的現價殖利率。

④ 三種進場策略,打造個人式提前填息法。

如果你今年才進場佈局金控股,可以依照金控股慣性,參考投資人拿到股息後,會採取的三種佈局策略:

策略一 9 月中領息後,直接投入所有股息:
如果該檔標的年度累計 EPS 勝過去年同期,投資人可以在領到股息後立即回買,此乃除息後第一段行情。

策略二 9 月中領息後,分批買到當年 12 月底:
如果該檔金控年度 EPS 累計大致與去年持平,可以考慮把資金分批買到年底,坐等 1 月初公布的 12 月 EPS,此乃除息後第二段行情。

策略三 9 月中領息後,分批買到隔年四月底:
策略三比較適合金控年度累計 EPS 遜於去年的狀況。因為獲利不好,市場會對隔年的股息配發政策有所疑問,甚至

有機會出現超殺行情，所以投資人反倒能利用市場開殺的區間做好分批佈局，等市場殺到 4 月底公布股息時，便再無疑慮。此乃第三段除息前的最後一段行情。

但也有在公布極差的股息政策後，市價持續往下砍的可能性。故投資人若能堅持使用**第三章〈請翻開第 87 頁〉**的佈局方式，或許能增加逢底佈局的效益。

不過，如果金控股全年累計 EPS 有獲利又大勝去年，並且預期殖利率有大於近三年均殖利率，同時你也暫時用不到股息，那麼「**策略一**」可能是最佳選擇。

如果當年度金控的報酬不穩，你也對行情沒有太大把握，加上使用的可能不是閒錢，那麼採用「**策略三**」或許會更安心一點。

以上三種策略，不論哪一種都能幫助長期投資人，在適當區間佈局相當的股數，如果懶得照表操課，從頭到尾都用第三章的資金佈局方式也沒問題。

五年打造出績優股、ETF 的基礎持股部位

如何透過五年打造出績優股、ETF 的基礎持股部位？

第一年：規畫使用 87 頁的佈局。

第二年：堅持使用 87 頁的佈局。

第三年：維持使用 87 頁的佈局。

第四年：持續使用 87 頁的佈局。

第五年：習慣使用 87 頁的佈局，這時投資人會突然發現，自己的持有成本已經在五年線了。恭喜，再堅持紀律下去。

……

第 N 年：使用 87 頁的佈局，直到每年股息大於生活成本的兩倍時，恭喜投資人，順利開啟了 Cover 人生。此時，可用一半的股息來 Cover 自己持續投入資本市場、延續複利效應，來打造更多資本利得，以及更多的現金流，來抵抗通膨；而另一半股息則用來 Cove 於生活。

如果採用 87 頁的方式，就不用管上面的第 ❹ 點了，只要直接重複數年使用「不定期不定額」的方式，逐年打造出股息 Cover 印鈔機，讓生活成本遠遠跟不上投資股息所得。換句話說，讓消費能力跟不上投資能力。

6 操作第一段行情：每年 7 月起的陸續除息期間。

7 月各上市櫃公司陸續除息，部分股息進帳衝高各子公司報酬，所以通常該月份金控股的報酬都不錯。

金控股除息後，現金股息入帳後忠實戶回買，此時會稍微推升股價，但推升多寡取決於公司獲利程度，此乃第一段行情。

7 操作第二段行情：9 月～ 12 月初

9 月～ 12 月初，財政部會提出八大行庫所編列的預算，以及明年要上繳多少股利給國庫，而相關新聞也會暗示金控股明年可能的盈餘配發率。此時，可以開始推估隔年可能會配發多少股息。這部份在前作《股息 Cover 我每一天》中，有詳細說明計算和查找資料的方式。除此之外，同時大俠也會在部落格分享如何計算。

重複以上規則，直到資產紅利的一半足以 Cover 生活成本，資產紅利的另外一半能夠 Cover 持續投資，既可達成源源不絕的複利人生。

大俠 給新手的佈局 Memo

第一步：去開戶。

第二步：去爬文找一檔ETF或績優股，進行
「定期定額」及「不定期不定額」佈局，直到
出現正報酬10％（此數字為舉例，可自行調
整），達成後再去佈局下一檔，這樣即可用數
年佈局出都是漲的庫存。

想要根據重點時程來佈局，首先要學會計算三大要素：

1. 預估年度 EPS
2. 預估明年股息
3. 預估殖利率

一間長期配息穩健的公司，市場會根據其年度 EPS，來預
估明年股息有多少，以及該公司長期預估殖利率有多少，進一
步推斷目前買進的價位是否划算。

　　所以投資人一旦學會這三大計算，就有機會在市場震盪時，佈局出相當便宜的股數，並在市場回春時，享受帳上市值漲幅的行情，到時就算不賣，讓它漲起來慢慢配息給我們，也是一件非常舒服的事情。

5-3 14檔金控總表，計算教學

$ % ÷

　　本節將透過各類股票、多家企業、多種 ETF，來帶大家從各式各樣公開、可搜尋的一般性證券投資訊息來觀察一間公司，並透過彙整歷史資料，整理出明年可能會配發的股息、全年 EPS，以及現價買進的預估殖利率。

　　不過，在此要事先聲明，大俠本人做的長期投資是以「定期定額」和「不定期不定額」的方式來佈局。佈局週期長達數十年以上，甚至屬於終生規畫。此外，本人對於短進短出、操弄股價、抬轎倒貨完全沒興趣，純粹以分享為目的。

　　下面會廣泛使用各種案例來討論不同類股，但僅以教學為主，而非針對個股做推薦，也絕非提供個股的買賣點，只是為

了印證和說明理財手法。

 特別聲明

注意！以下的預估表格僅爲預估，並非實際發放股息。

數據來源搜集方式：以近半年各券商最新有效之研究報告整理，以及公開且可搜尋到的一般性之證券投資訊息（盈餘分配率 & 歷史平均殖利率），整理出明年可能配發的股息股利、全年 EPS，以及現價買進的預估殖利率。

其中不含任何個人的觀點，純粹分享如何透過網路、新聞資料、法人看法來整理出金控總表，並從中看出目前價位於歷史何種位階（高位階、平均位階、低位階）。

表格製作時間於 2023 年 3 月，距離年底還有長達 9 個月，所以仍具有相當大的波動空間。

不過，大俠每月會在方格子或臉書進行更新，分享當下貼近市場的最新看法。

14 檔金控股明年預估股息（一）

2023/3/10 更新

代號	名稱	預估股息 2024 年	歷年最高殖利率 以及對應股價	
2880	華南金	1.30 元	6.29%	20.66 元
2881	富邦金	2.08 元	5.46%	38.09 元
2882	國泰金	2.48 元	4.67%	53.10 元
2883	開發金	0.23 元	5.96%	3.85 元
2884	玉山金	0.96 元	6.27%	15.31 元
2885	元大金	1.28 元	5.18%	24.71 元
2886	兆豐金	1.70 元	6.82%	24.92 元
2887	台新金	1.10 元	7.35%	14.96 元
2888	新光金	難以評估	4.08%	難以評估
2889	國票金	0.69 元	7.82%	8.82 元
2890	永豐金	1.02 元	6.31%	16.16 元
2891	中信金	1.45 元	7.25%	20.00 元
2892	第一金	1.52 元	6.27%	24.24 元
5880	合庫金	1.18 元	6.69%	17.63 元

⚠️注意⚠️ 此表為 2023 年第一季預估，並非全年度。大俠每月會在臉書、

※ 資料來源：Goodinfo! 台灣股市資訊網

歷年平均殖利率 以及對應股價		歷年最低殖利率 以及對應股價		2023/3/10 收盤價 套色為優於歷年平均
5.29%	24.57 元	4.58%	28.38 元	22.75 元｜比平均便宜
4.37%	47.59 元	3.71%	56.06 元	59.50 元
3.66%	67.75 元	3.05%	81.31 元	42.90 元｜比平均便宜
4.52%	5.08 元	3.66%	6.28 元	13.10 元
5.01%	19.16 元	4.31%	22.27 元	24.65 元
4.16%	30.76 元	3.46%	36.99 元	22.55 元｜比平均便宜
5.46%	31.13 元	4.69%	36.24 元	32.80 元
5.73%	19.19 元	4.83%	22.77 元	16.30 元｜比平均便宜
2.94%	難以評估	2.38%	難以評估	8.730 元
6.47%	10.66 元	5.56%	12.41 元	12.60 元
5.20%	19.61 元	4.49%	22.71 元	17.05 元｜比平均便宜
5.68%	25.52 元	4.85%	29.89 元	22.40 元｜比平均便宜
5.13%	29.62 元	4.47%	34.00 元	26.35 元｜比平均便宜
5.89%	20.03 元	5.37%	21.97 元	26.40 元

IG、方格子更新此表。本表格僅供參考，投資人切勿依此作為投資根據。

14 檔金控股明年預估股息（二）

2023/3/10 更新

代號	名稱	預估股息 2024 年	週五收盤價格 （2023/3/10）
2880	華南金	1.30 元	22.60 元
2881	富邦金	2.08 元	58.30 元
2882	國泰金	2.48 元	42.70 元
2883	開發金	0.23 元	12.90 元
2884	玉山金	0.96 元	24.55 元
2885	元大金	1.28 元	22.30 元
2886	兆豐金	1.70 元	32.65 元
2887	台新金	1.10 元	16.15 元
2888	新光金	難以評估	8.540 元
2889	國票金	0.69 元	13.15 元
2890	永豐金	1.02 元	16.85 元
2891	中信金	1.45 元	22.25 元
2892	第一金	1.52 元	26.35 元
5880	合庫金	1.18 元	26.15 元

⚠️注意⚠️ 此表為 2023 年第一季預估，並非全年度。大俠每月會在臉書、

※ 資料來源：Goodinfo! 台灣股市資訊網

現價買進預估殖利率 套色代表優於歷年平均	歷年平均	近十年皆買在 最高點的報酬	定期定額十年 持有成本殖利率
5.75%	5.29%	年化：4.4%	8.0%
3.56%	4.37%	年化：2.8%	5.8%
5.80%	3.66%	年化：-0.9%	4.3%
1.78%	4.52%	年化：3.4%	6.5%
3.91%	5.01%	年化：5.4%	6.5%
5.73%	4.16%	年化：5.2%	8.0%
5.20%	5.46%	年化：3.2%	5.0%
6.81%	5.73%	年化：3.3%	8.1%
難以評估	2.94%	年化：-0.3%	難以評估
5.24%	6.47%	年化：3.6%	5.2%
6.05%	5.20%	年化：5.5%	10%
6.51%	5.68%	年化：2.1%	5.8%
5.76%	5.13%	年化：4.7%	8.7%
4.51%	5.89%	年化：6.1%	8.7%

IG、方格子更新此表。本表格僅供參考，投資人切勿依此作為投資根據。

金控總表如何整理？純粹是參考目前已知的「年度累積EPS」，然後根據已知的 EPS 從比例去推估至全年（比方說，6月得知當年累計 EPS 為 1.5，那麼依照比例推估至全年 12 月，EPS 有機會到 3），再去查找最近 30 天內，相關券商是否有針對某檔股票，提供的年度 EPS 評價，最後將這些數據加總起來，找出一個平均值，得出有可能的「預估全年 EPS」。

接著根據「預估全年 EPS ×歷年來盈餘分配率平均」，算出來依目前 EPS 和未分配盈餘來看，明年可能發放出「預估股息」是多少。而「預估股息」可搭配「今日收盤價格」來推斷，以目前股價買進的話，明年可能獲得多少殖利率。接著再看「預估殖利率」是否大於「歷史平均殖利率」。

如果預估殖利率大於歷史平均殖利率，代表目前的股價，算是處於比歷年平均還要便宜的價位。大俠在這裡只是提供一個算法公式，如果投資人覺得看歷年太久，也可以自行調整成五年或十年的年均殖利率。

要知道今年的配息，來自於去年的營收 EPS，但股價看的是未來，所以在這個前提之下來看預估殖利率，要以營收做依據，更能有把握計算出以目前價位買進，能獲得多少預估股息。

當我們算出「預估股息」大概落在哪個範圍後，除了可以觀察目前「預估殖利率」、與「近年年均殖利率」相比較之外，還可以透過觀察「預估股息」，預測如果想領 5％或 6％的股息，大概在何種價位內買進最有機會。

「近十年皆買在最高點的報酬」這一欄位，來自大俠從 2013 年到 2022 年做過的一項統計。假設每年只加碼一次，而且每次都買在當年的最高點，這樣十年下來的投資總報酬率和年化報酬率各為多少？

從欄位中不難發現，有些金控股就算過去十年都買在最高點，但年化報酬還是相當不錯。亦即，這些金控就算不小心買貴了，只要一直維持拿到股息就回買的話，長線來看依然能有不錯的成績。不過，大俠要提醒一下，過去績效不保證未來。但過去十年都有不錯佳績的公司，相信在未來長線中也能維持一定的水準。

維持紀律五年，打造自動印鈔機

大俠強烈建議投資人，切勿一時重壓自己無法輕鬆看待的資金量，不然真的很難取得長線報酬。如果不知道如何資金控管分批佈局，回頭參考第三章〈請翻開第 87 頁〉。

如果有長期遵守資金控管佈局，堅持紀律 N 年即可獲得 N 年的持有成本均線，這就是前面圖表「14 檔金融控股明年預估股息（一）」最後一欄位想表達的重點。

大俠先設定了某位投資人維持五年紀律的均價成本為 17.96 元；以及維持十年紀律的均價成本為 13.44 元。接著，用「預估股息」算出五年和十年的「預估持有成本殖利率」為多少。

舉例來說，假設預估明年發放 1.18 元股息，那麼投資人的五年持有成本預估殖利率：6.57%；十年的持有成本預估殖利率為：8.77%。

> **算　式：**
> **預估股息 ÷ 還原權值的 N 年均線**
> **＝持有成本預估殖利率**
> ■ **五年**：1.18 元 ÷17.96 元＝ **6.57%**
> ■ **十年**：1.18 元 ÷13.44 元＝ **8.77%**

維持紀律佈局五年的持有成本在五年線，十年持有的成本就在十年線，我們可以從數據中看到，就算明年只發 1.18 元股息，十年長期投資人的持有成本預估殖利率還是可達 8.77%。不必忙進忙出，也可打造出自己的持有成本預估殖利率印鈔機。

當然以上數字只是推估，所以下面大俠將各金控股做進一步分享，像是我會在意什麼數據，以及參考的新聞連結。

這些表格會在方格子即時更新，畢竟當讀者拿到本書時，可能距離最新實況有些時間上的落差了。另外，也能隨時到大俠的臉書、IG 查看最新的金控總表。

> ※ 以下總表出現的名詞中，YoY 意指「年增率」；
> 　QoQ 意指「季增率」。
> ※ 以下訊息的參考來源，均做成 QR Code 附於書末
> 　〈14 檔金控參考資料〉。

華南金（2880）

獲利核心子公司華南銀：

2022 年上半年稅後淨利 76.93 億元（YoY：－1.6％），其中淨利息收益 162.3 億元（YoY：＋20.0％），反應華南金主要利多是台美啟動升息循環下，擁有七成活存比的華南銀，可擴大淨利差，進而拉高淨利息收入。（參考：〈華南金下半年獲利受矚目〉經濟日報，2022/08/07）

華南永昌證與華南產險：

因資本市場環境不佳，以及防疫保單理賠導致獲利年減。不過，五大金控旗下的產險公司中，上半年唯一呈現盈餘只有華南產險，華南產險結稅後的純益是 1.49 億元，每股稅後純益 0.74 元。（參考：〈上半年仍有四產險有盈餘〉工商時報 2022/08/29）

資產品質：

根據金管會數據，華南銀第一季普通股權益、第一類資本比率、資本適足率各為 10.03％、11.45％、13.45％，這「三率」皆低於同業平均的 11.41％、12.64％及 14.91％。（參考：〈華南金下半年獲利受矚目〉經濟日報，2022/08/07）

富邦金（2881）

2022 年第二季度營收 910.59 億元（QoQ：－35.43％、YoY：－28.85％）。富邦金 2022 年第二季稅後淨利 229 億元，YoY：－38％，高於金控整體平均衰退 44％，而前三季獲利衰退 35％。（參考：〈新低！15 家金控 9 月賺不到 140 億元前三季獲利衰退 35％〉Yahoo! 股市，2022/10/11）

北富銀：

2022 年第二季獲利年增 17％至 51.9 億元，其中淨收益為 133 億元增加 9％，放款核心收益部分增加 12％。在升息趨勢下，帶動存放利差逐漸浮現，獲利持續創新高，唯 2022 年 9 月稅後淨利 13.80 億元，獲利較上月減少。主要受到資本市場波動加劇影響，金融資產評價收益減少，累計前 9 月稅後淨利 187.47 億元，較去年同期成長 29％，獲利維持銀行新高。

資產品質：

北富銀截至九月底逾放比率為 0.16％，備抵呆帳覆蓋率為 760％，維持良好資產品質。

富邦人壽：

2022 年第二季獲利年增，其收益成長主要來自經常性收益，包括債券利息和股票現金股利等，同時美元走強，讓台幣因貶值而產生匯兌利益。（以上三段皆參考：〈防疫險 9 月賠 103.5 億元富邦金罕見單月虧損 40.69 億元〉經濟日報，2022/10/11）

未來利率走升之下，有助於新錢投報率的提升，但壽險部分有金融未實現損益的狀況。2022 年受惠於升息效應影響下，銀行將恢復成長動能，但壽險部位獲利基期較高，加上金融市

場波動加劇，逐漸影響其未實現損益。（參考：〈金控獲利衰15檔跌多漲少〉工商時報，2022/09/14）

國泰金（2882）

國泰金控：

　　2022 年第三季的營收為 687.80 億元（QoQ：－37.47％、YoY：－49.06％）。金管會通過保險業以第九號「金融工具」（以下簡稱 IFRS 9）進行資產重分類，壽險業即使進行會計重分類，仍需設立內部特別盈餘，來彌補債券投資未實現損失。（參考連結：〈化解淨值危機金管會通過保險業以 IFRS 9 進行資產重分類〉yahoo! 新聞，2022/10/11）

　　因為資本市場震盪，調高升息預期並下修經濟展望等不利因素衝擊，股債重挫美元大幅攀高，國泰人壽將執行債券投資調整組合，但還是要看最終實際營收。

　　我們調降國泰金來反映營收下滑，以及因籌資而造成權益稀釋的影響，籌資主要是為了解決壽險業投資組合損失，以及防疫保單高於預期的損失。（參考：〈防疫險理賠衝擊國泰金 9 月小賺 11.2 億元前三季仍居金控獲利亞軍〉鉅亨網，2022/10/11）

現金股息：

2022 年在政府要求設立特別盈餘的情況下，現金股利恐下降，小摩（摩根大通證券，JPMorgan）指出，金管會同意金融資產重分類，惟也要求提列特別盈餘公積，避免重分類使分派股利增加。此舉將影響明年的股息發放計畫，故小摩認為金融資產分類，對於金控明年股利發放的幫助有限。（參考：〈摩通看空壽險金控金管會打臉〉工商時報，2022/10/18）

開發金（2883）

開發金控：

2022年第三季營收253.34億元（QoQ：－25.55％、YoY：－49.79％）。

金管會通過保險業以 IFRS 9 進行資產重分類，壽險業即使進行會計重分類，仍需設立內部特別盈餘，以彌補債券投資未實現損失。（參考：〈採用國際財務報導準則（IFRSs）後，提列特別盈餘公積之適用疑義〉金融監督管理委員會 PDF）

對於金管會放行壽險公司資產重分類，小摩開了第一槍，以「台灣保險業最壞狀況正在發生」為題，一口氣調降國泰金、富邦金、新光金和開發金，這四大壽險金控目標價。

現金股息：

　　小摩日前以「台灣保險業最壞的狀況正在發生」為題，指出壽險業進行資產重分類對提升淨值有所挹注。不過，金管會要求提列特別盈餘公積，獲利仍然無法上繳母公司，估算四大金控明年股利發放國泰金 1.2 元、富邦金 2.5 元、新光金 0.15 元、開發金 0.25 元。（參考：〈保險業最壞情況正在發生…國泰金、富邦金、新光金、開發金明年股利發多少？小摩給答案開槍大砍目標價金管會說話了〉旺得富理財網，2022/10/19）

玉山金（2884）

玉山金控：

　　2022 年第二季度的營運表現，營收 159.45 億元（QoQ：－ 0.67 ％、YoY：－ 4.51 ％），稅後淨利 27.59 億元（QoQ：－ 36.2 ％、YoY：－ 45.28 ％），毛利率 72.76 ％，營益率 24.47 ％，淨利率 17.31 ％，EPS 0.19 元。

玉山銀行：

　　中美貿易戰促使台商遷廠至東南亞，刺激當地企業資金需求。玉山金控總經理黃男州指出，東協十國每年經濟成長率約 5 ％～ 7 ％，大幅成長之下便有大量金融支持的需求，初估可帶動金控獲利成長 25 ％～ 30 ％，是台灣的 2 ～ 3 倍。今年上半，

國銀東南亞分行獲利 40 億元，已達去年全年的七成五。（參考：〈台灣 3 大金控打亞洲盃各出奇招〉天下雜誌，2016/9/23）

利差部分：

央行、海外基準利率持續升息格局，利於玉山銀行的存放款利差擴大。玉山銀行今年上半年的總存款成長 14.7%，台幣活存年增 6.8%、外幣存款成長 21%；總放款年增 13.5%，其中中小企業放款年增幅度為 8.4%，外幣放款年增幅度則為 20.5%。玉山銀今年上半年淨手續費收入為 98.5 億元，年減 5.4%；財富管理淨手續費收入雖年減 16%，企業金融的淨手續費收入則年增 40.4%、信用卡淨手收則年增了 8.5%。（參考：〈玉山金：利差續擴大，存放款餘額雙增〉MoneyDj 理財網，2022/08/15）

元大金（2885）

元大金控：

2022 年第二季度的營運表現，營收 271.24 億元（QoQ：－2.63%、YoY：－22.49%），稅後淨利 53.57 億元（QoQ：－13.13%、YoY：－47.75%），毛利率 66.17%，營益率 26.51%，淨利率 19.75%，EPS 0.43 元。

自結 9 月稅後純益 21.03 億元，較前月減少約 37%，累計前

三季獲利 196.05 億元，年減超過三成，EPS 1.57 元，9 月挹注獲利最多的子公司為元大銀，單月獲利 7.65 億元，以往獲利貢獻最多的元大證券僅挹注 6.13 億元，主要受到台股價跌量縮所影響。（參考：〈11 家金控 9 月獲利一次看！僅永豐金逆勢成長中信金暫居第一〉ETtoday 財經雲，2022/10/08）

元大金子部門壽險：

獲利成長 25％，認列現金股利收和 4 億元匯兌收益。

元大金子部門銀行：

成長 30％，淨利息和非利息收入各為 11.5％及 34％。雖然銀行受惠於台灣和美國央行升息，但從財報可看出來，稅後淨利還是沒呈現明顯成長，也略低於銀行同業。

元大金子部門證券：

衰退 37％，經紀手收年減 38％，因為今年升息、通膨、俄烏戰事、地緣政治等市場因素波動加劇，間接影響國人的交易意願，所以 2022 上半年呈現季減、年減。

※ 延伸閱讀：〈台灣五十賣爆卻難帶動成長〉商周雜誌，2022/10/26

兆豐金（2886）

兆豐金控：

2022年第三季度營收147.89億元

（QoQ：－17.48％、YoY：－19.89％）。

產險部門：

產險提列防疫保單準備金拖累獲利表現，虧損主要原因在於產險於 9 月份提列防疫保單相關準備金。（參考：〈兆豐金前三季賺百億〉工商時報，2022/10/30）

兆豐銀行：

資本市場震盪，OCI 債券評價損失達 50 餘億元，再加上台股 9 月重挫，股票也出現評價損失。兆豐銀 9 月稅後獲利 13.07 億元，累積前 9 月稅後獲利 164.42 億元，較去年同期持續成長 17.89％，主因是受惠升息趨勢核心淨利差擴大所致。（參考：〈防疫保單、股市重挫打擊兆豐金 9 月自結再現虧損〉自由時報，2022/10/07）

各子公司：

兆豐證券獲利 5.45 億元（YoY：－ 75.45％），兆豐票券獲利 23.9 億元（YoY：－ 10.82％），兆豐產險虧損 56.4 億元，財報中可看出兆豐銀行獲利持續穩健成長。

台新金（2887）

台新金控：

2022年第三季營收163.92億元

（QoQ：－5.6％、YoY：－22.83％）。

台新銀行：

總放款餘額年成長達7％，外幣放款年成長2.6％，新台幣放款有8％年成長，總存款餘額成長9.4％。淨利息收益率擴展，主要受利率上升推動，企業貸款增、家庭貸款增。（參考：〈台新銀淨利差／存放差續增，仍有走高空間〉台視財經，2022/11/03）

資產品質：

台新金前三季每股稅後純益（EPS）0.58元，年化股東權益報酬率6.06％，每股淨值為12.27元。金控、銀行、人壽及證券的第三季資本適足率，分別為132.4％、14.2％、422％及316％，資本結構持續穩健。其中台新銀行逾放比及覆蓋率分別為0.13％及1,001.1％，授信資產品質維持良好。（參考：〈銀彈充裕台新金今年不辦現增〉工商時報，2022/11/03）

理財費用：

台新金指出，台新證券九月稅後淨損0.8億元、自8月獲利

2.3 億元翻黑，主要是受到國內外大盤指數跌幅較深，導致公司營業證券的處分及評價利益下跌；而台新證券累計前 9 個月稅後淨利則為 5.2 億元，也比去年同期的 11.7 億元下滑，則是受到總體成交量較去年減少，致公司經紀手續費收入、營業證券處分及評價利益皆較去年下滑。（參考：〈台新／永豐金證券 9 月陷虧，金控獲利仍呈年增〉MoneyDJ 理財網，2022/10/11）

新光金（2888）

新光金控：

　　2022 年第三季營收 317.85 億元

　　（QoQ：＋ 10.3％、YoY：－ 44.09％）。

新光人壽：

　　新光人壽 10 月稅後純益 8.41 億元，居六大壽險單月獲利次高，獲利主因新台幣對美元大幅貶值幫了大忙，單月呈現匯兌利益；股債處分雖也有損失，但僅數千萬元。（參考：〈兩利空三壽險賠錢〉經濟日報，2022/11/11）

股利分配：

　　金管會宣布，壽險業即使進行會計重分類，仍需要設立內部特別盈餘以彌補債券投資未實現損失。

維持財務結構健全及穩定，在分配可分配盈餘的同時，必須將這些重分類的金融資產依市價評估，若是未實現損失，扣除兌換利益、投資性不動產增值利益、避險工具損益、確定福利計畫再衡量數、OCI 項下金融資產未實現損益後的差額，要提列特別盈餘公積，避免分派股利金額因適用資產重分類而增加，除了富邦外，大部分壽險業股利分配仍受到限制。（參考：〈明年股利恐被限縮！5 壽險「重分類淨值」可能需提公積〉ETtoday 財經雲，2022/11/07）

股權稀釋：

新光金雖未受到防疫保單影響，但在明年 2023 年上半年的股權稀釋難以避免。（參考：〈資產重分類外資不埋單？摩根大通看空保險金控股〉經濟日報，2022/10/17）

國票金（2889）

國票金控：

國票金 10 月獲利改善但前十月 EPS 0.39 元年減六成，國票金去年前 10 月稅後盈餘為 33.6 億元，因此今年相較去年同期衰退約 63%，10 月底每股淨值 10.14 元，有守住票面 10 元之上，依舊維持可融資券信用交易資格。（參考：〈3 金控 10 月獲利不理想永豐金失去唯一正成長〉yahoo! 股市，2022/11/7）

現金增資：

國票金控成立以來首度辦理現金增資 30 億元，不畏金融市場振盪，展現經營團隊追求業務成長的企圖心，現增案向證期局申報生效獲准，發行價格訂為每股 10 元，以近 10 日收盤平均價計算，折價幅度約為 12％。

短期衝擊：

升息循環雖造成金融業營運受短期衝擊，國票金控認為，升息循環有機會明年上半年停止，隨利差擴大，授信業務將直接受惠，創造補券良好契機，對明年業務成長展望樂觀。這次增資將有效提升業務操作能量，並強化財務結構，各項財務比率將位於金控前列，對未來業務發展及成長助益，營運績效將有更亮眼的表現。（以上兩段皆參考：〈國票金首辦現增 30 億 每股發行價 10 元〉工商時報，2022/10/31）

永豐金（2890）

永豐金控：

2022 年第三季營收 129.40 億元
（QoQ：－ 12.86％、YoY：－ 10.48％）。

永豐銀行：

根據永豐金提具資料，若以今年9月底的經營概況與現金增資100億元進行試算，完成增資後預計可提升金控的資本適足率約6.35個百分點、而永豐銀行的普通股權益第一類資本適足率（CET1）與資本適足率（BIS）皆約0.74個百分點，有助於強健資本、增強營運動能。（參考：〈永豐金充實資本擬辦百億現增，估下季完成〉MoneyDJ理財網，2022/10/24）

獲利成長動能：

永豐銀行自結今年前三季稅後淨利120.77億元，較去年同期成長34%，在14家上市櫃金控子銀行中年成長率居冠，年化股東權益報酬率ROE達11.74%。強勁的獲利成長動能主要受惠於利息淨收益、手續費淨收益與其他淨收益（主要為金融交易）等三大收益皆顯著成長。實際發行價格依「募集與發行有價證券自律規則」辦理，預計募資新台幣100億元。意即擴大資本搶攻升息力道。（參考：〈搶攻升息力！永豐金現增百億明年Q1完成〉yahoo!奇摩新聞，2022/10/21）

現金增資：

預計於12月向證期局送件，發行價格將待主管機關申報生效後，依市場狀況由董事會授權董事長訂定，預計於明年第一季完成現金增資並轉投資永豐銀行，原股東認購比率暫定為

80％，惟實際認股率將以認股基準日股東名簿所載之股數為準，並預期 2023 年第一季完成資本擴增。（參考：〈前 3 季唯一獲利成長金控永豐為何要現增？〉工商時報，2022/10/22）

中信金（2891）

中信金控：

2022 年第三季營收 359.06 億元

（QoQ：－ 25.88％、YoY：－ 33.97％）。

台灣人壽：

台灣人壽則因旗下中信產險提列理賠金影響，台灣人壽 10 月稅後虧損 44.01 億元，連續三個月出現單月虧損，台壽前十月累計稅後盈餘為 56.19 億元，年減 76％，拖累母公司中信金虧損 33 億，中信金 2022 年第三季稅後淨利為 78.91 億元，低於預期。（參考：〈台灣人壽 10 月大虧 44 億拖累母公司中信金虧損 33 億〉經濟日報，2022/11/08）

防疫理賠：

累計前十月產險防疫理賠準備金已達 143 億元，不過，總經理陳佳文說，累計今年來防疫險理賠提列 143 億元賠款，以及相關準備「已經足夠」，前三季全數提完，防疫險風暴應該

已接近尾聲，將是明年最大利多。（參考：〈【中信金法說會2】防疫險理賠提列143億元「已近尾聲是明年最大利多」〉yahoo! 股市，2022/11/18）

未分配盈餘：

　　總經理陳嘉文表示，雖然壽險因防疫險風暴無法上繳獲利，但銀行今年獲利可望創新高，獲利會上繳金控，加上未分配盈餘破千億元，預期仍會維持發放股利，但發多少還要等年底結算。中信金仍有未分配盈餘以及資本公積合計約1200億元，因此其仍具有能力維持過往配發率，但仍須視金管會態度而定。（參考：〈中信金法說：未分配盈餘仍有上千億元明年有能力發股利〉鉅亨網，2022/11/18）

近三年盈餘分配率：46.96%

📊💲 第一金（2892）

第一金控：

　　2022年第二季營運表現，營收214.64億元（QoQ：＋17.31%、YoY；＋19.63%），稅後淨利52.91億元（QoQ：＋7.03%、YoY：－10.07%），毛利率60.36%，營益29.45%，淨利率24.65%，EPS 0.4元。

第一銀行：

一銀主管指出，受全球央行升息影響，美台利差可望擴大，將持續吸收外幣存款、增加外幣放款及金融商品操作等，提升收益。2022 年下半年銀行受惠於升息將維持成長動能，金控獲利有望轉正成長。（參考：〈利差擴大公股銀搶外幣財〉yahoo! 股市，2022/11/26）

升息循環：

升息循環將使 2022 年淨利差增加 9 個基點（bps），效應將延續至 2023 年，預估淨利差再增。第一金投信投資長曾志峰指出，2023 年全球經濟受到升息消弭通膨成效漸顯，研判上半年通膨由高走低，步入經濟循環晚期階段，貨幣政策逐步轉為中性，預期債券表現將優於股票；下半年隨貨幣政策轉向寬鬆，支撐經濟與就業逐步恢復成長，隨後股票表現可望優於債券。（參考：〈2023 年投資展望，第一金投信籲，採「先守、後攻」投資策略〉yahoo! 股市，2022/11/24）

現金股息：

今年整體獲利有望轉正成長，明年現金股利配發無虞。以前十月獲利來看，包括台企銀、彰銀都較去年同期大增，第一金也較去年同期增加，華南金則和去年同期接近打平，合庫金較去年同期減少 7％、兆豐金減少約 25％。公股金控、銀行

高層指出，基於透過盈餘轉增資強化資本適足率的考量，今年獲利較去年成長的公股金控、銀行若要拉高明年的總股利水準，除了現金股利，其他會透過股票股利發放進行。（參考：〈公股 4 金 2 銀明年股息曝 3 家殖利率近 4%〉工商時報，2022/11/23）

合庫金（5880）

合庫金控：

　　2022 年第二季營運表現，營收 171.45 億元（QoQ：＋14.42%、YoY：＋2.32%），稅後淨利 47.27 億元（QoQ：＋10.0%、YoY：－9.36%），毛利率 73.38%，營益率 34.04%，淨利率 27.57%，EPS 0.33 元。

上半年：

　　合庫金上半年歸屬母公司稅後淨利 90.25 億元，每股稅後盈餘 0.64 元，受到金融資產評價未實現損失影響，淨值較去年底下滑至 2,065 億元，每股淨值 15.18 元。而上半年整體金控獲利衰退原因，包括銀行金融資產未實現及兌換損失，財管手續費衰退與證券、人壽淨利減少所致。（參考：〈【合庫金法說 2】上半年營收年減 8.35%陳美足拋「營運 3 箭」穩績效〉yahoo! 股市，2022/8/18）

下半年：

合庫金經營團隊一向是風險至上，因而對下半年放款成長與投資展望，目標審慎看待。從上半年獲利佔比達 86％ 的合庫銀來看，前六月放款僅成長 2.4％，低於同業平均，主要是政府與公營事業還款較多所致，因該行屬國內房貸大行，在房市成交量縮下，下半年放款增速可能低於上半年，全年整體放款與淨利息收益都將呈現低個位數的平穩成長。（參考：〈放款動能趨保守，合庫金今年銀行淨利息估個位數增〉MoneyDJ 理財網，2022/09/28）

資產品質：

合庫金今年上半年稅後淨利為新臺幣（以下同）93.48 億元，較去年同期減少 8.35％，總資產為 4 兆 3134 億元，每股盈餘 0.64 元，稅後年化淨值報酬率及資產報酬率分別為 8.22％ 及 0.43％。（參考：〈【合庫金法說 2】上半年營收年減 8.35％ 陳美足拋「營運 3 箭」穩績效〉yahoo! 股市，2022/8/18）

再次強調，儘管出版日期與寫作日期有時間上的落差，但以上內容的主要目的是，大俠想提供投資人分析一間公司的年度 EPS 時，可以搜集哪些資料，藉此幫助我們提高預估的 EPS，或者是預估股息的可信度。

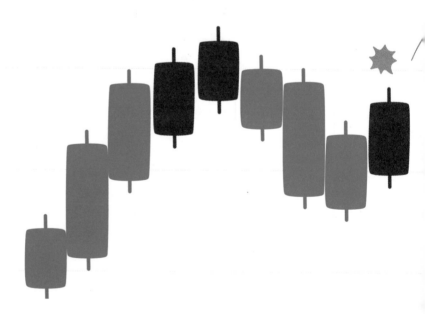

除息不除息，重要嗎？

從上一節的 14 檔金控總表來說，銀行以及證券為主體的金控，較能從 EPS 所估算出預估股息為多少，但壽險就可能多少會失真，尤其是在股市震盪年頭，失真情況更是嚴重，其主要原因分別為：

留意現金股息！ 銀行業、壽險業、證券業

銀行業

銀行業有超過九成的資金來自債權人，所以需要先針對獲利提撥出 30% 的法定盈餘公積保留在公司，才能分配股利給股東。此規定是基於保護債權人（存款戶大眾）的權益，來自銀

行法第 50 條（法定盈餘公積之提存）。因而銀行業在提列法定盈餘公積後，還需要進行壓力測試，才能決定發放現金股利的額度。

壽險業

壽險業會計制度，本期淨利其實無法完全反映真正的獲利能力，還得觀察其他綜合損益才行。換句話說，無法單純從 EPS 看出獲利的全貌，而綜合損益也會因為資本市場震盪而變動甚大。

所以金控總表中，關於以壽險為主體的金控股，除了估算值外，可能要更加注意法說會的相關新聞。因為能發放多少股息的變數極大，很難單從全年 EPS 估算，需要多方參考公司的實際說法。

就算財報中有很高的本期淨利，卻有可能需要對外籌集資金才足以發放現金股利。

主因在於這些金控旗下的大型壽險公司，無法將現金股利上繳給金控，導致金控公司通常要透過發行特別股增資，才能發放現金股利。但是發行特別股就有特別股息的壓力，這並非財務穩健的作法。

尤其是未來要採用 IFRS 17（國際財務報導準則第 17 號保險合約）※，保險合約的利差損要列為負債，壽險業更要把盈餘保留下來。

證券業

以證券業為主體的金控不像銀行與保險業，有向大眾吸收資金，所以股息發放部分可以比照一般公司。

如何判斷是否該參加除息或棄息？

很多投資人在除息前總是很猶豫要不要賣出？下面提供兩個簡易方案：

■ **方案一：**
除息前的累積 EPS 勝過去年同期，如果這筆錢又是閒錢，那不妨留著參加除息，因為只要接下來 9 ～ 12 月的累積 EPS 有持續高於去年，那麼根本不用擔心，很可能等 1 月初全數公布後就會開始起漲。

※IFRS17：國際財務報導準則第 17 號「保險合約」，原訂於 2021 年實施，唯導入作業難度高，台灣目前預定 2025 年導入，2026 年實施。IFRS 17 目的在於，確保企業在其發行的保險合約中，所刊載的資訊是否有忠實表達其相關的權利與義務。

■ **方案二：**
除息前累積營收比去年弱，加上手上資金又不是閒錢配置的話，或許可以棄息出場，然後分批在除息後執行第三章〈請翻開第 87 頁〉的資金佈局計畫。

　　其實關鍵就在於：除息前累積的 EPS 是否優於去年？以及你是不是用閒錢來投資？然後我們再搭配金控總表的計算，會更清楚目前的「預估殖利率」是否划算，來增加是否要留或棄息的判斷條件。

　　對金控股來說，尤其以銀行為主體的，配息就是看 EPS 和未分配盈餘（壽險需要額外評估，此處可參考上一節的金控總表），如果累積 EPS 遜於去年同期，市場對於其明年能配多少股息會有疑慮。畢竟金控股的特色就是市場會根據年度預估獲利、近年盈餘分配率，以及近年均殖利率，來反推股價合理區間。如果今年度 EPS 的年增率（YoY）衰退，代表明年配發的股息可能會下降，所以現價買進的預估殖利率不見比較好。

　　反過來說，如果除息前的年度累計 EPS 優於去年同期，而接下來的 9 月到 12 月的累計營收都持續超越去年，基本上明年的股息會有很大的機率比今年高。在預估殖利率上升的情況下，股價資本利得也會水漲船高，棄息就不見得有利了。

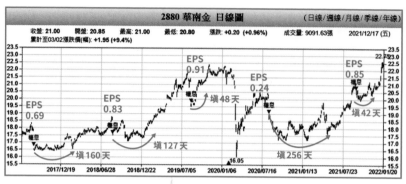

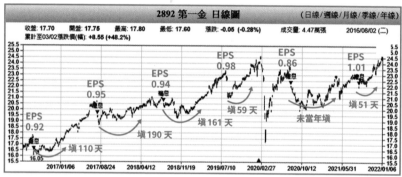

　　我們依照各大金控走法，可觀察到上述跡象，並以四大官股：華南金（2880）、第一金（2892）、合庫金（5880）、兆豐金（2886）為例來說明。

　　從上方四張圖中可明顯看出這個跡象，亦即若除息前的累積 EPS 不如去年，填息之路將變得很漫長。所以投資人可觀察這些跡象，自行考慮是否要棄息，再分批買回，通常這麼做可更靈活地佈局出更多股數。

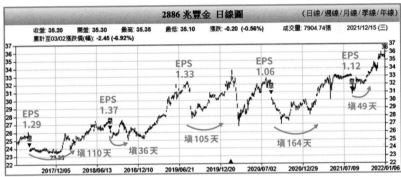

※ 資料來源：Goodinfo! 台灣股市資訊網

　　大俠在 2021 年元大金（2885）的 EPS 不如預期時，挑了個適當時機做調節，轉去佈局房地產。這樣一換下來，手頭上的房地產在佈局完後漲了 18％左右，也避開了元大金下跌 20％左右的區間。因此，在適當時機做資產換資產動作，都有助於幫助投資人持續增加資產。

可作爲判斷指標的 0056

順帶提一下元大高股息（0056）這檔 ETF，它是當今高股息 ETF 中唯一一檔利用企業未來盈餘狀況，以及配息率來預估現金殖利率的 ETF，這點與其他市面上統計過去平均配息率高低的 ETF 不一樣。

所以我們可以根據元大高股息（0056）的機制，來判斷自己預測的可信度。

當預估年度 EPS 下降，也會導致一些 ETF 做出明年預估股息會降低的評價。比方說，元大高股息（0056）在 2022 年，首度成為唯一不持有金控股的 ETF，換句話說，若這樣的 ETF 有出清動作，也會連帶讓市場產生一些變動。

稍微說明一下，元大高股息（0056）如何運用預估殖利率來篩選成分股，然後持續汰弱留強，配置一些景氣前景較佳的個股或產業。

關於元大高股息（0056）的選股邏輯，主要是採用「預估企業配息 ÷ 評價日當天的股價」，利用算出來的數值對照當時股價，來估算殖利率是多少，並納入預估殖利率最高的股票。

也就是說，企業未來盈餘狀況，以及預估配發股息會下滑時，元大高股息（0056）會啟動減碼，反之亦然。

考慮到繳稅，參加除息不划算？

「大俠，參加除息划算嗎？這樣不是還要繳稅？」這個問題大概已成為月經題了，無時無刻都有人在問，大俠一貫回答：

「如果當前累計 EPS 遜於去年同期，同時你的佈局資金又不是閒錢，可以考慮棄息；如果當前累計 EPS 勝過去年同期，同時你的佈局資金又是閒錢，就算必須繳稅，參加除息還是比較划算。」

怎麼說呢？首先我們要知道，投資是一種看成本如何取得最終報酬的產出過程。換言之，你的投資到底有沒有報酬，要看的是最終報酬扣除成本後的淨利差，所以絕對不能說因為成本花得比較多，報酬就一定比較少，這句話絕對不正確。

拿鈔票去賺鈔票，才是正確的思維。也就是說，如果該檔股票的獲利趨勢持續上升，參加除息並拿股息回買，也許得到的整段報酬實質獲利會更勝於棄息。

[以三檔金控股除息點為例]
在獲利為上升驅勢之下，棄息可能因小失大

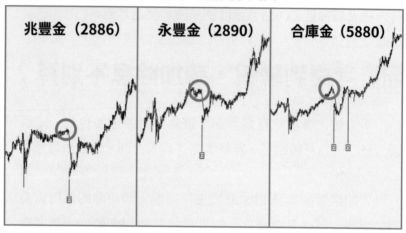

※ 資料來源：國泰樹精靈 APP

　　從上圖不難發現，2021 年因為各金控獲利呈現上升趨勢，所以除息後即展開快速填息行情。大俠有許多朋友因為考慮到稅務問題而棄息，我很可惜他們為了少繳才幾萬元的稅務而避開除息，讓自己錯過幾百萬元以上的資本利得。投資策略的關鍵在於讓整體資產上升，而非為了避開小成本，卻失去了更多的資本報酬，可謂因小失大。

　　不過，這種作法僅限於該公司獲利有持續上升的狀況，若沒有持續上升，貼息的狀況可是很嚴重，如果你佈局的不是閒錢，將很難有餘裕地目睹該檔股票從谷底回春，若是這樣，棄息或許是不錯的選擇。

　　股利所得在 94 萬元以內的投資人，每一塊錢股利都能得到 8.5％的可抵減稅額，但超過的部分就無法抵減了。

　　換句話說，每一申報戶最多可抵減稅額 8 萬元。

　　由於總所得可減除免稅額、扣除額，等於有部分所得不用課稅，此時若有股利可抵減稅額，那麼投資人還能享有退稅福利。另外，因為稅率是級距式，所以就算稅率級距超過 8.5％，高達 12％、20％甚至 30％，但仍可折減稅率，算下來稅賦其實不如想像中來得大。

　　一般來說，節稅不外乎報扶養或捐贈。但大俠始終認為，對於我們這種投資人來說，最好的節稅方式，就是做出適當的投資行為。換言之，不隨意進出，並且長期持有營收屢創新高的優質績優股。

　　有些投資人為了要避稅，選擇在除息前賣出績優股，結果在除息後想要買回時，卻發現股價因為公司績效好而連續拉漲，導致自己被市場軋了個空手，並且還有可能為了避開 5 萬元的稅金，結果付出 10 萬元以上的空手成本。真是得不償失。

小心為了避稅，落個得不償失

　　大俠分享一個真實故事。我有位朋友因為稅務問題，對於是否要參加除息一事猶豫不決。這份猶豫導致他在 2021 年 5 月，兆豐金（2886）殺到 30 元左右時，因為心慌而全數出脫手上的 100 張持股。結果隔沒兩天，才發現自己居然殺在阿呆股價，於是在 32 元時心有不甘的買回來。

　　有發現嗎？賣在 30 元用 32 元買回，同樣的錢，買回來的張數只剩下 93 張左右，被市場硬生生地軋掉 7 張，當初繳稅也花不到到 7 張。

　　正如德國股神科斯托蘭尼（André Kostolany）所說：「**錢會從猶豫的投資人身上，轉到信念強的投資者身上。**」

　　所以說，到底是繳稅可怕？還是不正確的投資行為付出的成本比較大呢？

　　我想大半應該是後者，**很多人以為股市是數學，結果股市只是人性**，這名網友就是數學太好了，天天精算，以至於少賺了好多錢。

　　也千萬別因為這個故事是用「我有位朋友」開頭，就以為

大俠是那個強者朋友本人，完全不是。後來那位朋友問大俠：「你
該不會這幾天把我的泳褲給撿走了吧？」

我亮出對帳單，回答他說：「是。」

現買	兆豐金	1,000	30.85	30,850
現買	兆豐金	1,000	30.95	30,950
現買	兆豐金	1,000	30.95	30,950
現買	兆豐金	1,000	31.05	31,050
現買	兆豐金	1,000	31.05	31,050
現買	兆豐金	1,000	31	31,000
現買	兆豐金	1,000	31.05	31,050
現買	兆豐金	32	31.16	997

不過，如果這家公司的營收體質已不如以往，而你配置的
資金也不是閒錢，的確可以選擇在除息前棄息。這樣的操作法，
除了能讓自己節稅，還能讓抽回來的資金，分批佈局在被賣超
且貼息的底部上。

抽回資金後，投資人可以參考目前「預期殖利率」大於「歷
年平均殖利率」的績優股進行佈局，或是買進長年績效好的
ETF，佈局方式參考第三章〈請翻開第 87 頁〉。

大俠最初就以能長期佈局為標準,來選擇投資的股票,而且不管當年營收績效如何,仍然持續買進。因為在「疑股不存,存股不疑」的前提下,大俠一定會選擇的,是那種經營團隊有能力,也會用盡全力處理市場問題的公司。這種績優企業面臨市場景氣循環,或遇上經營難題而需要轉型時,就是我們佈局的好區間。這種健康又正確投資心態,更能為自己取得長期的報酬,帶來真正合理化且平衡的稅務。

　　因為時間也是成本,一直盯盤同樣要付出勞動成本,而且搞不好盯盤花的機會成本,早就大於繳稅的部分,甚至在短進短出中,折損了多次手續費、錯過好幾成的漲幅,那更是不划算。

　　所以大俠總是說買好公司,就放著讓他自由發揮。

投資的本質是什麼?
參與公司成長

　　配息到底是不是左手配給右手?嚴格上來講是,但僅限那一瞬間的 0.1 秒內,開盤 0.1 秒一等市場給價值,便開始各自跑出行情。

　　因此,經營績效不好的公司長年市值萎縮,配的股息永遠

補不回股價跌幅；但經營績效長期上升的公司，配息後市值仍持續增加。

假設大俠很愛吃漢堡，所以跟幾位朋友合夥開了間漢堡店，這間漢堡店每個月有 60 萬元盈餘。在有盈餘的情況下，我們這群股東自然希望拿到盈餘分紅（應該沒有不想領的人吧），而且不只希望拿到，更希望營利能長期穩健上升。

如果不發放盈餘給股東也可以，但漢堡店一定要有盈餘再投資的計畫，這樣才能活化資金，有機會創造更高的營收。畢竟股東投資就是要獲利，如果不能透過配息方式領回盈餘，漢堡店應該要想辦法用這些盈餘來創造更多價值，增加明年能發給股東的盈餘。

股東領到盈餘後，也可以拿去投資別家、收購其他股東手上的股權，或是開更多分店。

投資漢堡店的初衷，就是希望它有賺錢的時候可以分到利潤，如果有持續賺錢，那麼只要股東不缺錢，都會希望能長線持有，不輕易將手上股權變現。因為持有每年盈餘成長的好公司，股東手上的持股價值和盈餘分配才能持續增加。

公司的價值是建立在其盈利能力上，越是賺錢、盈利能力穩健上升的公司，股權會因受到市場認定而更值錢。

為什麼除息感覺很像扣股價？

很多人因為一打開手機，會馬上查看股價現價，除息當天更是緊盯著後續走向，目睹股價在除息後的變動，而誤以為除息等於扣股價。

扣股價是結論，事實上除息後價格叫參考價。另一方面，配息的真相是公司將資產負債表中的盈餘，轉移到股東手上。換言之，公司將盈餘透過除息配息的方式來分給股東，所以盈餘要扣除已發配出去的盈餘。這一點就如前面舉過的例子，與朋友合夥開漢堡店，有賺錢再把盈餘分給股東，讓股東拿盈餘另行投資，如：拿第一間店的盈餘去開分店，或者拿盈餘去收購其他股東手上的股權。

從漢堡店的例子來看，不要以為配息是左手換右手，這種誤解純粹來自投資人天天盯著股價才把兩者混淆。如果我們不會每天盯著漢堡店的總市值不放，自然能把目光放在盈餘上，這樣講明白了吧？

到這裡應該就能理解，除息後的股價叫做參考價，是市場除息後那一瞬間的價格，但除息完 0.1 秒後，市場會開始評價其預估股息會不會成長？或說預估公司的盈餘能力有沒有辦法增強？如果有增加，市場可能會快速地展開填息行情。

只是許多投資人習慣在盤中看股價，難免會用股價的角度來思考，產生：「咦奇怪，怎麼除息後股價掉了？」的疑問，殊不知市場隨時都在評價，不是除息後會掉股價，那只是除息後的參考價而已。

一切誤會都源自股東太愛盯著股價看，才容易讓自己混淆，把原本的投資變成投機。

今年的配息，來自去年全年的 EPS 和未分配盈餘，配息完後，股價會開始跑未來的行情。也就是說，市場參加除息後，會接著評價某間企業的未來經營走向，例如：明年能不能拿一樣的配息？能接受的殖利率是多少？因此，所謂的左手換右手，也只是一瞬間的事情。

長期投資的股東要思考的是，公司未來是否年年配息，並且有上升趨勢？有上升趨勢，就無需介意現在買入的現價殖利率只有 4％，因為在公司持續賺錢的情況下，目前買進的殖利

率，遲早有一天會變成 5%、7%、9%……。

　　投資一間公司要看的是，其未來的獲利值不值得我用今天這個價格買入？也許有人覺得沒關係我先買在五年後，或是我先買在數十年後，每個人可依自己的佈局規畫來做決定。所以我們很常看到有些公司的股價，老早被市場買到五年後，或者其短期漲幅根本不是今年 EPS 能匹配的，箇中原因可能是市場認為數年之後回頭看，如今股價是便宜的，才先行佈局。

　　配息還有個大大的好處，我們可以不用透過賣股票減少手上的持股，來獲得部分未實現損益。如果要透過賣掉手上持有股數來過活，一旦碰到空頭時股價下修怎麼辦？豈不是要賣掉更多股數才能獲得一樣的現金流？如果還賣在谷底結果隔天開始起漲？這部分會讓人面臨極大的心魔。

　　退休族想過安穩的退休生活，卻要靠減少股數來換金流的話，想必會陷入極大的壓力之中。

5-5 經濟數據要看哪些？

$ % ÷

　　下面要分享一些大俠會看的重點經濟數據。本節不會有太專業的解讀，因為解盤是一回事，而佈局又是另一件事，所以完全不探討理論，只帶領大家了解大俠的實戰佈局思維，化繁為簡的看穿經濟數據代表的實質意義。

　　首先，股市就兩個行情，升息或降息（廢話）。換句話說，不是漲就是跌（又講了廢話），而投資人則在漲跌過程中做佈局，故了解市場經濟數據，更有助於各位安心佈局。畢竟股市最怕的是不確定性，一但確定縮表[※]方向，修正只會是一時，

※ 縮表（Shrink the Balance Sheet）為「縮減資產負債表」的縮寫，是一種中央銀行緊縮貨幣的政策手段。

而且縮表同時也意味著未來景氣是向上的多頭格局。

　　所以在經濟循環中，大俠會不斷分享投資心法，帶領新進投資人度過震盪的時期。

　　別忘記，在書中無數次提及，空頭、恐慌、震盪，才是長期投資人的最佳佈局區間。在這樣的行情中，能讓我們用比較便宜的價格，佈局出未來長期持有的基礎股數。

　　但這番話不是鼓吹你要梭哈重壓猜底部在哪裡，而是說即使遇上最黑暗、最混亂的時期，也千萬不要中斷你的投資紀律。

　　當你已經為閒錢做好了規畫，也選出有能力長期處理任何景氣變化的績優團隊了，甚至也參考**第三章〈請翻開第 87 頁〉**讓資金佈局計畫處於源源不絕的狀態，接下來，只要好好維持紀律、好好生活、專注工作就夠了。

　　震盪完全不可怕，可怕的是失去紀律的投資。不要以為股市崩盤是我們的敵人，真正的敵人是你自己，欠缺紀律的佈局正是恐慌的源頭。所以大俠才用無數的對帳單、文字、直播語音……不斷跟大家分享，期待每位投資人都能在空頭市場中堅守紀律。

在經濟循環中，企業難免會受景氣衝擊而影響到獲利，但既然我們已經選出那些幾十年下來，都能持續產出盈餘給股東的績優股，這樣的企業勢必也有實力在數年後締造獲利新猷。

投資人唯一要做的，就是不擇時維持紀律的佈局，減少不必要的交易和手續費。做好分散投資，同時也要保持自己在本業上的競爭力，因為「專注本業，努力加薪」，會讓你更有底氣面對通膨衝擊，以及股市震盪行情。

經濟總是循環不停，儘管我們難以得知每一次循環中的衰退有多久，但鑑古觀今之下，經濟遲早會復甦。所以只要投資人使用的資金在可控制範圍之內，震盪恐慌乃是長期投資人的禮物。

經濟部的每月外銷訂單統計

利用經濟部統計處網站查詢外銷訂單統計資料，拿數據來與上月比較、去年同月比較、按季比較、累計上半年較上年同期增加多少百分比。

雖然我們可以觀察到外銷訂單有呈現逐季增加的趨勢，但請留意千萬別看行情好，衝動投入自己無法控制的資金，因為

股市永遠都在經濟面最好的時候做頭。

雖然以長線來看，只要經濟趨勢不變，又能度過每一次市場恐慌的話，總能獲得長期且完整的市場報酬，但前提是投資人要算好資金量，佈局的資金流務必要能撐到市場回春時，不然你在市場景氣復甦、牛頭舉起前兩天，因撐不下去砍掉了庫存，也是無法享受到任何獲利的。

再次強調，基本面都是主力算給散戶聽的，本益比也是主力引誘散戶去相信的，等散戶誤信本益比超好算、基本面超好用的時候，融資重壓、槓桿大開、全副身家下場時，市場的鐮刀早已默默架在你的脖子上了。

經濟部統計處
https://www.moea.gov.tw/MNS/dos/home/Home.aspx
首頁 > 最新消息 > 外銷訂單統計

美國消費者物價指數（CPI）

如果通膨持續延燒，年增漲幅遠高於市場的普遍預期，也

許會讓美國聯準會官員改變當前的貨幣政策立場。所以通常市場會普遍預期，如果通膨延燒加熱，那麼美國聯準會可能會提前討論放棄寬鬆政策的時間表。

美國聯準會的貨幣政策對全球金融市場影響至關重要，按照過去經驗會先進行縮表，才會開始升息，可密切注意聯準會態度，連帶也將影響美國十年期公債殖利率走勢。

 筆記

 消費者物價指數查詢

- 美國的消費者物價指數，可直接連結「美國勞工統計局」（Bureau of Labor Statistics，簡稱 BLS）查詢。
  HOME>SUBJECTS> Inflation & Prices>
  Consumer Price Index
- 台灣的消費者物價指數，可直接上「行政院主計處」網站的首頁查詢。

 美國勞工統計局
https://www.bls.gov/cpi/

美元指數的表現

美元指數（USDX），一旦美元強勢格局出現，相對之下不利於新興市場的股市，也可能影響台股表現。當美元指數出現反彈，可觀察到台幣在此影響下短期不容易升值，同時也不利於後續資金動能轉強。

QE 階段→減少購債期→縮表

根據過去的經驗，美國聯準會從量化寬鬆（以下簡稱 QE）階段到正式啟動縮表前，中間必須經過「減少購債期」。上次美國的 QE 始自 2008 年 11 月到 2014 年 10 月，之後從 2014 年 10 月到 2017 年 10 月開始減少購債，而自 2017 年 10 月到 2019 年的 8 月之間進行縮表：

美國聯準會開始縮表前，對市場的三個主要影響：

一、停止購債造成公債殖利率攀升，而公債殖利率會直接影響房貸和其他貸款利率走高，最後建商會評估未來的銷售可能性，也許呈現降低或持平現象。反之亦然，所以推估未來市場景氣興衰，或許也可以從建商對於未來市場評估需求，來進行推演。

二、回收基礎貨幣並且帶動美元走強，直接或間接影響到美國出口及企業獲利。

三、市場流動性開始緊縮，極有可能引發股票拋售潮，進一步抑制過熱的市場，也容易導致象徵美元多頭的趨勢將轉為平緩。

美國聯準會在 2022 年 9 月會議紀要中明確透露，如果下次（11 月）利率會議上決定開始縮減購債（Taper），可能會從十一或十二月中旬開始啟動縮減購債，逐漸減少每月 1,200 億美元的資產購債規模。

上次縮減購債可回顧到 2013 年：

- 縮減政策前期（2013/05/22~2013/08）：美股標普 500 指數下跌 1.35％，台股下跌 4.49％。
- 討論縮減政策後期（2013/09~2013/12）：美股標普 500 指數上漲 13.19％，台股上漲 7.35％。
- 政策真正啟動期間（2014/01~2014/10）：美股標普 500 指數上漲 9.18％、台股上漲 4.22％。

輸給恐慌，只能爲他人抬轎

散戶心理層面基本上是：

啊～超跌了趕快砍！
啊～起漲了誘多肯定是騙局！
啊～漲回了早知道！

散戶向來如此，甚至可說有哪一次不是這樣？每次都在殺低追高的過程中，縮減了自己資產，人家美國聯準會是縮減購債，散戶是縮減資產。長期投資根本不用驚慌，只要了解一切的關鍵只在年增率（YoY）。

紀律市場只是年增率而已，這是什麼意思？

股市會在什時候做頭？就是市場景氣最好、眾人最看好、經濟數據最強盛的時候。像是我國 2022 年 5 月的出口數據非常好，但是有可能月月都好嗎？換言之，2023 年 5 月要超越恐怕會有些難度了，如果隔年五月很慘，那後年五月的年增率不就更有機會增加了嗎？如果後年也慘，至少會呈現年緩，總之就是年減年緩年緩年持平，然後持續年增。

所以千萬別在最狂熱的時候一股腦 All in 重壓於市場，也千

萬別等市場回春、經濟確認復甦、景氣春燕來到時才趕忙佈局，此時很有可能只是幫那些有做震盪佈局的人抬轎。

第三章的資金控管方法，就是在教大家如何在恐慌中佈局，而非在恐慌中空手。市場上絕大多數的空手者，永遠不敢在空頭時買，往往在多頭時，看到大家衝進場了，自己才追進去，一次將自己多年付出辛苦勞動力存下來的錢，拱手為他人做起嫁衣。

大俠武林的投資定心圖

至於低點在哪裡？完全不用猜，2020 年 3 月一堆人在台股 8,524 點就在猜，結果即使當年沒買在最低點 8,524 點的人，稍微買在高一點的九千點，放到現在還會抱怨買高嗎？

當年從六千點以下就開始做定期定額大盤 ETF 的投資人，現在的報酬根本早就笑看行情了，沒一次買在低點也沒關係，因為長時間下的紀律佈局，老早就打造出低成本的持有均線了。

最慘的是，在資本主義效率經濟體下一路空手至今的人，而不是猜錯的人。

總之維持紀律，持續買到領股息那一日，持續佈局，數年之後就能輕鬆笑看任何行情。什麼市場通膨、縮表、戰爭、經濟、政治對立……投資人不用看太多新聞，你知道的事情市場也知道，那些公司經營團隊更是清楚。

　　只要認清這個關鍵，投資人就會懂得，這些市場震盪，自有人會去處理，誰會去處理？就是那群擁有金融政策影響力，幾百億幾千億放在資產市場的大戶，要是他們不去處理？難道他們會任由資產被打回原形嗎？

　　只要知道這件事情就好了，根本不需要讓自己接收過多的雜訊。

　　大俠自己頂多看下面這張圖，然後在景氣循環中持續地使用資金控管佈局。當然，有時候會在循環中，調節一些資金拿去佈局房產，在一些環節中佈局電子股，也會佈局原物料。這一切在 1-2〈對帳單全數交代〉都有提及，如果想看更即時更新，不妨到大俠的部落格方格子閱讀。

大俠武林的私藏投資定心圖
市場總在震盪中走出多頭格局

通膨率增加 ➡

復甦
經濟⬆ 通膨⬇

過熱
經濟⬆ 通膨⬆

標普 500 指數（S&P 500）美國大型股至今走勢

4,147.60 ↑2,702.43% +3,999.60 最長

G
D
P
成
長
率
增
加

G
D
P
成
長
率
降
低

衰退
經濟⬇ 通膨⬇

滯漲
經濟⬇ 通膨⬆

⬅ 通膨率降低

※ 資料來源：大俠武林、Google 財經，2023/2/15，標普 500 指數。

投資股票，永遠只能是人生配角

「投資是配角，也只是道助力，如果把投資與工作本業的關係給搞反，讓投資當主角，可能會變成生命中的阻力。」這段話出自台灣藝人洪都拉斯的專訪（《今周刊》第 1260-1261 期）。

大俠看了這段話後感慨許久，因為這幾年的確看到不少網友，剛入場就嘗盡了多頭行情的滋味，讓他們在 2021 年底毅然決然辭去本業，開始做起了專職短期操作手。不料，當時間來到 2022 年初，隨著俄烏戰爭、糧食恐慌、供應鏈等問題逐漸浮現時，市場開始震盪恐慌，再加上量化緊縮（Quantitative Tightening，QT）等效應，這群還沒被空頭市場訓練過的網友們，最後存活下來的寥寥無幾，有些已經回去上班，有些人跑去做外送，更有些人再也聯絡不到了。

大俠要不厭其煩地提醒，這個世界上能人太多，能靠短期價差獲利的強者也著實不少，但我們要知道，那些能抓到每一波轉折短操爆賺的人有多少？恐怕連 1％人不到。最常見的是數年過去，那 1％天選之人也許早就換了好幾批，而能持續穩定短操獲利的人最後剩多少？

所以大俠一直強調「專注本業，閒錢投資」的重要性，這對我們普通人實在太過於重要了，要知道長期投資不見得能讓你快速暴富，但起碼數十年過去，能穩定獲利的搞不好還是同一批人。

因為我們是跟著績優公司一起成長，要是我們都被淘汰了，那台灣績優企業早就被輪替了好幾次。

一次梭哈，不見得讓你更快達成目標

長期投資不外乎就是專注本業，努力加薪，認真工作遠離市場情緒，不要整天去妄想猜測外資幹嘛幹嘛。要知道同一個訊號，外資想看多就看多、想看空就看空，根本不要去妄想猜測他們的短期動作，而且外資也不是一人，他們是一群不見得消息有在互通的人，所以市場短期情緒實在是太難預測。

因為我們也無法預期未來，只有用分批佈局的心態來耐

心等待。如果投資人真的不知道該怎麼選股？也可以考慮投資元大台灣 50（0050）、富邦台 50（006208）這種大盤類型的 ETF，或者佈局同期績效不輸給台股加權報酬指數的 ETF，然後使用定期定額或不定期不定額，持續滾入，拿到股息後再次滾入，持續買到起漲，也就是正報酬跑出來為止。

如果投資人專心定期定額元大台灣 50（0050）的話，下圖中的腳踏車可以換成自動駕駛的電動車，放它不斷前進，咱們負責耍廢睡覺，一回神目標報酬就來了。

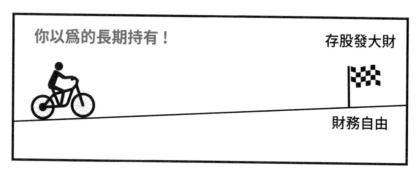

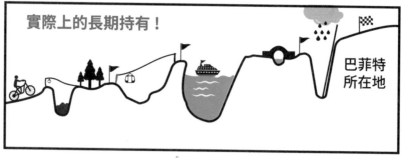

正常投資人是不可能一次梭哈的，除非你的老闆肯預支數十年的薪水，或是你的客戶、廠商，肯一次預支數十年的資金，不然普通人都得按部就班拿每月剩餘薪資來做佈局。也許你會說可以去借貸啊，借貸不就一次可以拿到未來的資金放到現在來佈局？

但借貸也一樣啊，因為人的資產身價會隨著市場提高，所以現在根本無法借到十年後能借走的資金，除非你唱衰自己走下坡，身價不會提高或工作下個月就被資遣，不然以長期來看，還不都是持續在做長線的分批佈局呢？

全息人生的奧義

要知道一件事情，報酬率真的只是其次，在投資市場中更重要的是你的資金續航力以及實際報酬，什麼意思呢？

所謂全息人生，是透過佈局能穩健配息的標的來達成。假設你選擇佈局元大台灣 50（0050）或富邦台 50（006208），並在領到股息後再投入，透過數十年以上的紀律，打造出人生每筆資金都有十年線的效果。所以實際上的投資，不是你一次買到十年線就沒事了，而是要不斷地將閒錢投入資本市場，讓身上每一筆資金都能跟隨著市場成長，這正是長期投資的奧義。

為什麼本書叫做「全息人生」？因為大俠希望大家都能體

會長期投資之道，務實參加好公司的除息，參與權息人生等於參與全息人生。早日體會長期投資的奧妙，也能讓你從盤中解放，壓力減輕，專注生活和工作。

投資最強的招數就是賺得久，而參與市場的報酬方式，書中也用完整對帳單分享給大家參考了，時間真的是各位最強的利器。

早點佈局，維護健康活得夠久，活得夠久領得多，不健康的身體鐵定賠錢，拿到了股息也無福享受人生，所以最大的財富就是身體健康，無病無痛走得動的健康體魄，乃是長期投資最務實最強的招式。

一起做長期投資，
堅持著健康人生，
好觀念造福子孫，
打個樣留傳百代。

當你的生活能全面用投資報酬或股息報酬來 Cover 的時候，人生會開始少掉很多猶豫。我個人的習慣是拿報酬（股息加上資本利得）的一半來當生活花用，另一半拿去再投資創造更多的利潤。

為了自己工作、自由規畫人生

　　愛上工作、愛上加薪、愛上存錢，再來愛上存資產，然後愛上拿資產報酬去買進更多的資產，接著開始學會享受花用複利報酬。當你能熟悉這些循環，並得到實質的長期報酬之後，再來我幫你、你幫我，我們幫他人、他人再幫他人，一起將正循環投資的觀念傳遞下去，讓人人都參與到市場報酬。

　　這市場本來就是設計給每個人都能贏的場域，人人透過良善的資金佈局績優股的計畫，有誰能不參與到好公司或市場指數的成長呢？這是人人都能參與的投資計畫。

　　致力於幫助新進投資者，可以在「專注本業，努力加薪」的同時，學習如何用閒錢投資，一同參與長線且完整合理的市場報酬。

　　為什麼致力於盤後佈局呢？因為當年大俠想到，如果退休後還要整天擔憂市場，怎麼可能安心度日？

　　不過，退休不代表無所事事，而是自己可以擁有更多的時間，去思考規畫人生的下一步該往哪裡走。從原本為了賺錢而工作，變成為了自己的興趣而去做。

活著就是繼續奮鬥、學習，以及執行利己利人的事情，在漫長的人生旅途上，永遠別失去謀生的能力。

保持競爭力，才是自由人生的最佳姿態。

大俠的佈局方式皆採用「定期定額」和「不定期不定額」來做長期佈局，方法在**第三章〈請翻開第 87 頁〉**中詳細說明，如果看完後還是不太清楚實作方法，可以到大俠的 Instagram、臉書或方格子來閱讀文章。

目前大俠每週大概有三天以上的時間，會在直播平台與讀者互動，來即時回答任何問題。因為大俠始終認為，在投資市場上，要賺就要一起賺，所以會盡可能在各種平台持續分享，大俠這一路以來是如何佈局？以及如何面對市場多頭或空頭，在任何行情下，都能取得長線的完整合理報酬。

本書透過各類股票、多家企業、多種 ETF，帶大家從各式各樣公開、可搜尋到的一般性證券投資訊息來觀察一間公司，並藉由歷史資料的彙整，整理出未來可能會配發的股息、全年 EPS，以及現價買進的預估殖利率。

　　之所以廣泛使用各種案例來討論不同類股，純粹是為了教學，而非針對個股做推薦，也絕非提供個股的買賣點，只是為了印證和分享理財心得。

　　再次聲明，大俠本人做長期投資使用「定期定額」和「不定期不定額」方式來佈局，佈局週期長達數十年以上，甚至屬於終生規畫。

　　個股與相關數據資料僅供說明之用，不代表投資決策之建議。所有資訊皆為本人搜集，根據一般性之證券投資資訊，所述為客觀事實。

　　全書僅為大俠的個人理財心得分享，文字內容沒有針對個股以及買賣點位進行推薦。所有資料皆為舉例說明，不代表未來實際績效，投資人因進場時間不同，將有不同之投資績效，過去之績效亦不代表未來績效之保證。

華南金（2880）

〈華南金下半年獲利受矚目〉
經濟日報，2022/08/07

〈上半年仍有四產險有盈餘〉
工商時報 2022/08/29

〈華南金下半年獲利受矚目〉
經濟日報，2022/08/07

富邦金（2881）

〈新低！15 家金控 9 月賺
不到 140 億元前三季獲利
衰退 35 ％〉Yahoo! 股市，
2022/10/11

〈防疫險 9 月賠 103.5 億
元富邦金罕見單月虧損
40.69 億元〉經濟日報，
2022/10/11

〈金控獲利衰 15 檔跌多漲少〉
工商時報，2022/09/14

國泰金（2882）

〈化解淨值危機金管會通過
保險業以 IFRS 9 進行資產
重分類〉
yahoo! 新聞，2022/10/11

〈防疫險理賠衝擊國泰金 9
月小賺 11.2 億元前三季仍居
金控獲利亞軍〉
鉅亨網，2022/10/11

〈摩通看空壽險金控金管會
打臉〉
工商時報，2022/10/18

開發金（2883）

〈採用國際財務報導準則（IFRSs）後，
提列特別盈餘公積之適用疑義〉
金融監督管理委員會 PDF

〈保險業最壞情況正在發生…國泰金、
富邦金、新光金、開發金明年股利發多
少？小摩給答案開槍大砍目標價金管會
說話了〉旺得富理財網，2022/10/19

玉山金（2884）

〈台灣 3 大金控打亞洲盃各出奇招〉
天下雜誌，2016/9/23

〈玉山金：利差續擴大，存放款餘額
雙增〉MoneyDj 理財網，2022/08/15

元大金（2885）

〈11 家金控 9 月獲利一次看！僅永豐金逆勢成長中信金暫居第一〉ETtoday 財經雲，2022/10/08

〈台灣五十賣爆卻難帶動成長〉商周雜誌，2022/10/26

兆豐金（2886）

〈兆豐金前三季賺百億〉工商時報，2022/10/30

〈防疫保單、股市重挫打擊兆豐金 9 月自結再現虧損〉自由時報，2022/10/07

台新金（2887）

〈台新銀淨利差 / 存放差續增，仍有走高空間〉台視財經，2022/11/03

〈銀彈充裕台新金今年不辦現增〉工商時報，2022/11/03

〈台新 / 永豐金證券 9 月陷虧，金控獲利仍呈年增〉MoneyDJ 理財網，2022/10/11

新光金（2888）

〈兩利空三壽險賠錢〉
經濟日報，2022/11/11

〈明年股利恐被限縮！5 壽險「重分類淨值」可能需提公積〉ETtoday 財經雲，2022/11/07

〈資產重分類外資不埋單？摩根大通看空保險金控股〉經濟日報，2022/10/17

國票金（2889）

〈3 金控 10 月獲利不理想永豐金失去唯一正成長〉yahoo! 股市，2022/11/7

〈國票金首辦現增 30 億每股發行價 10 元〉工商時報，2022/10/31

永豐金（2890）

〈永豐金充實資本擬辦百億現增，估下季完成〉MoneyDJ 理財網，2022/10/24

〈搶攻升息力！永豐金現增百億明年 Q1 完成〉yahoo! 奇摩新聞，2022/10/21

〈前 3 季唯一獲利成長金控永豐為何要現增？〉工商時報，2022/10/22

中信金（2891）

〈台灣人壽 10 月大虧 44 億拖累母公司中信金虧損 33 億〉經濟日報，2022/11/08

〈防疫險理賠提列 143 億元「已近尾聲是明年最大利多」〉yahoo! 股市，2022/11/18

〈中信金法說：未分配盈餘仍有上千億元明年有能力發股利〉鉅亨網，2022/11/18

第一金（2892）

〈利差擴大公股銀搶外幣財〉yahoo! 股市，2022/11/26

〈2023 年投資展望，第一金投信籲，採「先守、後攻」投資策略〉yahoo! 股市，2022/11/24

〈公股 4 金 2 銀明年股息曝 3 家殖利率近 4%〉工商時報，2022/11/23

合庫金（5880）

〈【合庫金法說 2】上半年營收年減 8.35%陳美足拋「營運 3 箭」穩績效〉yahoo! 股市，2022/8/18

〈放款動能趨保守，合庫金今年銀行淨利息估個位數增〉MoneyDJ 理財網，2022/09/28

國家圖書館出版品預行編目 (CIP) 資料

全息人生 ： 專注本業, 閒錢投資。輕鬆打造股市印鈔機, COVER
你一生 / 大俠武林著. -- 初版. -- 新北市 ： 幸福文化出版
社出版 ： 遠足文化事業股份有限公司發行, 2023.04　面 ；
公分. -- （富能量 ; 58)
ISBN 978-626-7184-98-1(平裝)
1.CST: 股票投資 2.CST: 投資技術 3.CST: 投資分析

563.53　　112003144

OHDC0058

全息人生

專注本業，閒錢投資。輕鬆打造股市印鈔機，COVER 你一生！

作　　者：大俠武林

總 編 輯：林麗文
主　　編：高佩琳、賴秉薇、蕭歆儀、林宥彤
行銷總監：祝子慧
行銷企劃：林彥伶
責任編輯：高佩琳
封面設計：FE 設計
內頁排版：鏤絲釘

ISBN：9786267184981（平裝）
ISBN：9786267184998（EPUB）
ISBN：9786267311011（PDF）

出　　版：幸福文化出版社 / 遠足文化事業股份有限公司
發　　行：遠足文化事業股份有限公司 (讀書共和國集團)
地　　址：231 新北市新店區民權路 108-3 號 8 樓
粉 絲 團：https://www.facebook.com/happinessbookrep/
電　　話：（02）2218-1417
傳　　真：（02）2218-8057

發　　行：遠足文化事業股份有限公司
郵撥帳號：19504465
網　　址：www.bookrep.com.tw
客服信箱：service@bookrep.com.tw
客服專線：0800-221-029

法律顧問：華洋法律事務所 蘇文生律師
印　　製：呈靖彩藝有限公司

初版一刷：西元 2023 年 04 月
初版十六刷：西元 2024 年 08 月
定　　價：380 元

團體訂購另有優惠，請洽業務部：（02）2218-1417 分機 1124

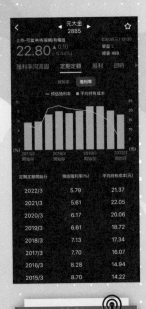